JEAN HERMANN
PROFESSEUR A L'ANCIENNE UNIVERSITÉ

Notes historiques et archéologiques

SUR

STRASBOURG

AVANT ET PENDANT LA RÉVOLUTION

PUBLIÉES

d'après le manuscrit français et allemand de l'auteur
avec une notice préliminaire

PAR

RODOLPHE REUSS
CORRESPONDANT DE L'INSTITUT

STRASBOURG
LIBRAIRIE F. STAAT, SUCC. DE J. NOIRIEL
RUE DES SERRURIERS
1905

NOTES HISTORIQUES ET ARCHÉOLOGIQUES

SUR

STRASBOURG

AVANT ET PENDANT LA RÉVOLUTION

JEAN HERMANN
PROFESSEUR A L'ANCIENNE UNIVERSITÉ

Notes historiques et archéologiques

SUR

STRASBOURG

AVANT ET PENDANT LA RÉVOLUTION

PUBLIÉES

d'après le manuscrit français et allemand de l'auteur
avec une notice préliminaire

PAR

RODOLPHE REUSS
CORRESPONDANT DE L'INSTITUT

STRASBOURG
LIBRAIRIE F. STAAT, SUCC. DE J. NOIRIEL
RUE DES SERRURIERS.
1905

NOTICE PRÉLIMINAIRE.

Il y a quelques mois, au cours d'une visite que je faisais à l'un de mes anciens élèves au Gymnase de Strasbourg, M. Fritz Reussner, ingénieur à Paris, mon compatriote me fit voir un exemplaire de la *Description historique et topographique de la ville de Strasbourg*, parue sans nom d'auteur, en cette ville, en 1785, mais qu'on sait être de M. de Hautemer, chantre à la Cathédrale de Strasbourg[1]. L'ouvrage n'est pas rare et de plus, le volume ne payait

[1] Ce Charles de Hautemer, originaire de Rouen, avait également compilé une *Description topographique, historique et généalogique de l'Alsace*, en quatre volumes in-folio, dont le manuscrit est conservé à la Bibliothèque de l'Université de Strasbourg.

pas de mine. Mais ce qui le rendait infiniment curieux, c'est qu'il avait appartenu au célèbre professeur Jean Hermann, et que ce docte naturaliste l'ayant fait interfolier de papier blanc (changeant ainsi le mince in-douze en un solide in-quarto), y avait ajouté toute une série de notes plus ou moins détaillées, afin de compléter, souvent aussi de rectifier le texte de Hautemer. M. Reussner me fit lire un certain nombre de ces notes, écrites dans les dernières années de la vie de Hermann, entre les années 1796 et 1799, et très caractéristiques pour la mentalité d'une partie tout au moins de la bourgeoisie strasbourgeoise d'alors; aussi je lui demandai la permission d'emporter le volume pour l'étudier plus à loisir, et il eut l'obligeance de le laisser pendant de longs mois entre mes mains, afin que je pusse y copier à mon aise tous les passages qui mériteraient d'être signalés au public. Je ne doute pas que les amateurs d'alsatiques et tous les Strasbourgeois de vieille roche (ceux qui sont restés, comme ceux qui sont partis) ne se joignent à moi pour remercier M. F. Reussner d'avoir attiré mon attention sur ces notes si curieuses et qu'ils ne les parcourent avec un peu de ce même plaisir que j'ai eu à les transcrire, comme un témoignage authentique sur notre passé local. —

I.

Il me semble inutile de raconter plus longuement la biographie de l'auteur de ces *Notes*. Rédigée une première fois, bientôt après sa mort, par son collègue et ami, le professeur à la faculté de médecine, Thomas Lauth, en un latin classique[1], elle fut présentée un peu plus tard au grand public strasbourgeois par le bon *magister* du Temple-Neuf, le chroniqueur Jean Friesé, en langue allemande[2]; M. Charles Schmidt en a donné, il y a une quarantaine d'années, un résumé suffisant dans ses *Alsaciens illustres*[3], et moi-même j'ai, plus récemment, esquissé cette vie paisible de savant dans mes *Vieux noms*

---

[1] Vitam Johannis Hermann scripsit Thomas Lauth. Argentorati, Levrault, 1801, 64 p., in-8°.

[2] (Friese). Kurze Schilderung des Lebens Schœpflins und Hermanns. Strassburg, Lorenz und Schuler (1801), p. 31—120.

[3] (Ch. Schmidt). Les Alsaciens illustres, portraits et notices biographiques, Strasbourg, Schmidt, 1866, 1 vol. 8°.

et rues nouvelles de Strasbourg[1]. Les lecteurs désireux de plus de détails se procureront toujours facilement l'un ou l'autre de ces écrits, et je me bornerai donc à rappeler ici que Jean Hermann, naquit le 31 décembre 1738 à Barr, où son père était alors pasteur[2]. Envoyé à sept ans à Strasbourg pour y suivre les classes du Gymnase protestant, il était immatriculé à l'Université en avril 1752[3], et après avoir terminé ses études académiques préparatoires, abordait celle de la médecine. *Candidat* en médecine, le 29 mai 1762, il soutenait sa thèse *De rosa*, le 12 octobre et, le 23 juin 1763, il était créé *docteur* en médecine[4]. Dès l'année suivante il commençait ses cours d'histoire naturelle à l'Université dont il venait de quitter les bancs, et il n'a plus cessé cet enseignement public et privé (car il faisait même des conférences pour dames)

---

[1] Rod. Reuss, Vieux noms et rues nouvelles de Strasbourg, causeries biographiques. Strasbourg, Treuttel et Würtz, 1883, p. 216—227.

[2] Il est mort comme pasteur au Temple-Neuf de Strasbourg en 1772.

[3] Knod, *Die alten Matrikeln der Universität Strassburg*. Strassburg, Trübner, 1897, tom. I, p. 433.

[4] Knod, *op. cit.*, tom II, p. 175.

jusqu'aux derniers mois avant sa mort. Successivement agrégé libre, professeur extraordinaire de médecine (1768), professeur de philosophie (1779) [1], professeur de pathologie (1782), il put arriver enfin, en 1784, à la mort de son ancien maître, le célèbre Reinbold Spielmann, à la chaire de matière médicale et de botanique, qui avait été, dès le début, l'objet de ses rêves et de son ambition [2]. Dès lors il ne s'occupa plus guère que de ses deux sujets d'étude favoris, les plantes et les bêtes. Directeur d'un jardin botanique universitaire célèbre et très bien entretenu, propriétaire d'un cabinet d'histoire naturelle remarquable pour l'époque et que ses nombreux correspondants enrichissaient par des envois venant de tous les centres scientifiques de l'Europe, il était connu et apprécié parmi ses confrères étrangers, non tant par des écrits volumineux que par des notes érudites que son obligeance in-

[1] On sait que pour arriver alors plus vite à une place de professeur *titulaire*, les débutants à notre vieille université se livraient parfois aux *chassés-croisés* les plus bizarres.

[2] Pour les dates des nominations, etc., voir O. Berger-Levrault, *Annales des professeurs*, etc., p. 108.

lassable ne refusait jamais à qui recourait à elle. Il était l'une des gloires légitimes de notre vieille Université, au moment où la tourmente de la Révolution vint à éclater. On lui adressait des hommages et des questions non seulement des bords de la Seine, de la Tamise et de la Néva, mais il lui venait des colis précieux (précieux pour un savant, s'entend) des rives de l'Hudson et des côtes du Coromandel. Parmi ses correspondants je citerai seulement les noms de Buffon, Cuvier, Lacépède, Banks, Forster, Pallas, Alexandre de Humboldt. Il variait ses travaux de cabinet par des herborisations prolongées avec ses élèves, à travers la plaine d'Alsace ou les montagnes des Vosges. Il avait deux enfants, dont un fils, enthousiaste de sa science, comme lui, et qu'il déclarait joyeusement lui être bien supérieur; une épouse dévouée veillait sur lui. Il possédait une modeste aisance, tout ce que peut désirer un cœur de savant; il n'y a donc rien d'étonnant à ce que l'orage révolutionnaire l'ait dérangé d'abord, puis troublé, puis irrité. Quand la Terreur appesantit son joug néfaste sur sa ville bien aimée, quand l'Université, qui constituait le centre de sa vie intellectuelle et morale, sombra dans la tourmente, quand son fils unique, envoyé comme médecin à l'hôpital militaire, y succomba au typhus, en 1793, son esprit, désemparé par tant de coups frappant une constitution passablement débile, prit en haine ces „ânes révolutionnaires", cette „maudite et infernale engeance" des Jacobins. Dorénavant il aura le cauchemar de „ces temps infâmes où la canaille eut le dessus". Il n'oubliera jamais ces vieilles statues de la Cathédrale mutilées, ces inscriptions, même latines, absolument inoffensives, effacées ou brisées par „les polissons ultra-révolutionnaires"; il ne pardonnera pas à l'administration municipale, qu'il déclare composée de „coquins et de pleutres", d'avoir vendu pour quelques chiffons d'assignats la serre du Jardin botanique, cette serre où il faisait éclore et pousser ses chères plantes, désormais sans asile. Il se refusait à voir — et certes sur ces points il avait raison — dans des actes de vandalisme pareils, la preuve de la *régénération* de la France; mais il ne voyait pas assez, qu'à côté de ces côtés bas, vulgaires et sinistres, il se produisait dans son pays des élans d'enthousiasme et de grandeur, qu'un esprit moins prévenu, moins éprouvé personnellement, moins pessimiste, aurait entrevus et salués jusqu'à travers les larmes et le sang de cette tragique époque[1].

II.

C'est donc un témoin, prévenu dans une certaine mesure, mais un témoin précieux pourtant, parce que honnête et sincère, que nous rencontrons dans ces notes historiques et biographiques de Hermann. Pour le juger équitablement, il ne faut pas oublier et l'horizon passablement borné d'alors, et le poids des traditions séculaires de la ville libre de Strasbourg, surtout dans ses milieux protestants. On y vivait, — on y somnolait plutôt — depuis plus d'un siècle, un peu comme les habitants du palais enchanté de la Belle au Bois-dormant; ce microcosme strasbourgeois aux antiques rouages plus ou moins faussés, était

[1] Certains de ses collègues universitaires, Jean Schweighæuser, Jacques-Jérémie Oberlin, Braun, ont été plus équitables que lui à l'égard de la Révolution.

resté, dans l'ensemble, et de temps immémorial, quasiment immuable; on croyait naïvement qu'il était éternel. Et maintenant le souffle des temps nouveaux s'élève; bientôt il dégénère en tempête et les ruines s'amoncellent. Ce dut être, pour les âmes de ce temps, éprises de leur cher passé, saisies à la fois de peur et de colère, une catastrophe aussi violente presque, que celle qui broya notre génération dans le cataclysme de 1870, balayant nos souvenirs, bouleversant tout le présent, anéantissant en quelques heures nos projets et nos rêves d'avenir. Comment des hommes ainsi secoués par l'orage, n'auraient-ils pas eu les regrets au cœur et l'amertume sur les lèvres? Peut-on leur en vouloir — alors qu'on fait profession d'être un historien impartial — si leur ironie se tourne contre les principes nouveaux, s'ils se moquent de la liberté qu'on proclame autour d'eux, s'ils s'imaginent naïvement avoir été beaucoup plus libres sous MM. les stettmeistres et ammeistres, M. le préteur royal, Mgr. l'intendant de la province, que sous les proconsuls de la Convention? Il est nécessaire, à coup sûr, d'accentuer le fait que leur point de vue est étroit; que leurs souffrances personnelles limitent singulièrement l'impartialité de leur jugement; qu'ils n'ont pu voir alors tout le bien qui sortirait de tout ce mal. Mais il faut tenir compte de leur témoignage pourtant, parce qu'il éclaire l'une des faces du problème de la Révolution; parce qu'il explique la force de la résistance, surtout en Alsace, autrement que par des calculs ambitieux, ou par le fanatisme déchaîné; parce qu'il *existe* en un mot, et que l'histoire ne peut espérer approcher de la réalité des choses, qu'en tenant loyalement compte de tout ce qui fut vivant à un moment donné, dans le domaine des faits ou dans celui des idées.

J'estime d'ailleurs, que même un révolutionnaire intransigeant prendra plaisir à suivre notre bon savant dans le récit détaillé de ses recherches scientifiques sur les vieux bâtiments ou la constitution, plus vieille encore, de la ville libre de Strasbourg. Il l'entendra raconter ses explorations microscopiques de la queue du coq perché au sommet du clocher de Saint-Thomas, ou recommander aux géologues futurs l'étude des marches du passage de la *Pomme de pin,* afin d'y constater la rapidité de l'usure de nos grès vosgiens. Il le verra rôdant autour du *Schiessrain* pour enrichir son cabinet d'un fragment de vieux mur, romain ou autre, le jour où on le fait sauter; il le suit, respirant la bataille, le jour où, par ministère d'huissier, les citoyens Flamant et Noël, professeurs à la nouvelle École de médecine, viennent enlever aux professeurs de l'ancienne Faculté, leur amphithéâtre d'anatomie dans l'ex-chapelle de Saint-Éverard. Il constatera chez le pauvre père de famille, dépouillé par la Terreur, un manque d'altruisme, assez naturel, quand un inspecteur de police, flanqué de deux pensionnaires des Enfants trouvés vient faire une collecte plus au moins bénévole au profit des ces *Enfants de la patrie,* „fruit de l'immoralité la plus effrénée“ [1]. Et qui ne compatirait pas aux soupirs de Hermann quand il' constate, certain dimanche, où il dut se porter à la rencontre des „arbres de la Liberté“, qu'on amenait de Vendenheim, avec sa compagnie de

---

[1] Aussi les qualifie-t-il, avec une franchise très républicaine „d'enfants de p. . .“.

soldats-citoyens, par une froide journée de mars et de lourds sabots aux pieds, que ce dimanche-là, fut le premier de son existence auquel le rôti manqua! „Il est vrai qu'en échange, j'étais, ainsi qu'on me le dit, un républicain libre; du moins je n'étais pas en prison comme une foule de mes amis!" — Le lecteur curieux de ces menus détails qui *illustrent*, mieux que de longues dissertations, la mentalité d'une époque et les situations politiques, notera, par exemple, le timoré propriétaire de la rue de la Douane qui faisait enlever sur la façade de sa maison, l'agneau doré qui l'ornait, pour obéir aux décrets abolissant les symboles de l'aristocratie et du fanatisme, et cet autre qui faisait enlever les gouttières ornées de têtes, plus ou moins vagues, de poissons, que la police de Schneider ou de Monet aurait pu prendre pour des dauphins. Et ne nous moquons pas trop de ce qui peut sembler, au premier abord, un peu puéril et mesquin, dans les doléances de notre annotateur. Quant à la Saint-Martin 1793, MM. les apothicaires (— on ne disait point encore pharmaciens à Strasbourg —) négligent pour la première fois d'offrir aux inspecteurs officiels de leurs officines les flacons de liqueurs accoutumés, le bon Hermann note, avec un certain dépit (car il était l'un des *visitateurs* du magistrat), que désormais ceux qui voudront boire encore de l'hypocras devront le payer! Ce sont ces petites piqûres d'épingle du sort qui éprouvent parfois le plus un parfait honnête homme et même un sage. Nous-mêmes, si notre génération subsiste jusqu'au moment de la „grande épreuve collectiviste“, nous ne nous montrerons pas, j'imagine, moins sensibles à des tribulations peut-être minimes, alors qu'on supportera, résignés ou stoïques, les plus violents coups de la tempête.

III.

Hermann a rédigé la seconde partie de ses notes, les feuillets en langue allemande, en premier lieu, si je ne me trompe. Peut-être étaient-ils plus nombreux à l'origine, car ils commencent en 1784, mais il ne s'y trouve rien pour les années 1787 à 1789, presque rien pour 1790-1792, et ils s'arrêtent brusquement au printemps de 1794. Ces notices ayant été jetées, évidemment à la hâte, sur des feuilles volantes, non paginées, il est fort possible qu'il s'en soit égaré quelques-unes, au cours du dernier siècle. Quant aux annotations du Hautemer interfolié, elles ne me semblent guère avoir été commencées avant 1796. Cela aura été l'une des dernières occupations du vieux savant, qui ressentait sans doute une satisfaction mélancolique à se replonger dans la contemplation de son cher vieux Strasbourg d'autrefois. Il était alors à la fois professeur à la nouvelle École de médecine et à l'École centrale du Bas-Rhin; les notes ont été ajoutées sans ordre, à des dates variées, et l'on y reconnaît des encres différentes. Il y a même quelques remarques qui ne sont pas de la main de Hermann, et proviennent sans doute d'un possesseur subséquent du volume. Les dernières sont de 1799, c'est-à-dire assez proches de la mort du professeur, parce que c'est au cours de l'automne de cette année qu'il contracta, durant une excursion botanique prolongée, la maladie de poitrine qui se compliqua plus tard de tumeurs internes et bientôt ne laissa plus aucun espoir de guérison. Le moribond suivait avec un calme admirable et une sûreté de diagnostic étonnante les progrès du mal, s'entretenant avec son collègue Thomas Lauth, en latin, afin de ne pas affliger son excellente épouse. Il mit ordre à ses affaires, avec une sérénité parfaite, répondait encore, trois jours avant sa mort, à un savant ami, qui, le croyant déjà trépassé, envoyait ses condoléances sincères à son gendre, et dont il ouvrit la lettre, en en reconnaissant l'écriture. Il s'éteignit enfin le 4 octobre 1800. C'est son beau cabinet, soigneusement entretenu par M. Hammer, son gendre et successeur à l'École centrale du Bas-Rhin, qui a constitué le fond du Musée d'histoire naturelle de la ville, l'un des plus riches qui existent, en dehors des collections des grandes capitales de l'Europe.

IV.

Le manuscrit de Hermann, aujourd'hui la propriété de M. Reussner, appartenait avant lui à son père, M. le professeur Frédéric Reussner, bibliothécaire du Séminaire protestant, puis de l'Université, et antérieurement à M. le professeur André Jung, bibliothécaire de la Ville et professeur à la Faculté de théologie protestante, son grand-père. Le savant historien de l'Église tenait vraisemblablement le volume de Hautemer (qui porte sur la garde les mots *Bibliothecae Hermannianae, Argentorati*) de la vente aux enchères des livres du frère cadet de Jean, l'ex-maire de Strasbourg, décédé en 1820. J'ai scrupuleusement reproduit toutes celles des notes qui me semblaient avoir une valeur historique, archéologique ou simplement personnelle quelconque, laissant de côté les gloses sans importance[1] ou les passages qui n'étaient que des répétitions de données plus longuement fournies en d'autres endroits du volume, répétitions assez fréquentes du reste[2].

---

[1] Ainsi quand Hermann se borne à mettre à côté d'un passage de Hautemer un renvoi au Kœnigshoven (éd. Schilter) ou à Silbermann, etc., j'ai jugé inutile de m'encombrer de ces renvois, sans raison d'être aujourd'hui que nous avons les volumes du *Strasbourg illustré* de Piton et les savants travaux de M. Adolphe Seyboth, *Das alte Strassburg* et *Strasbourg historique et pittoresque*. Personne n'aura plus l'idée de recourir à Hautemer pour étudier le Strasbourg du moyen âge. —

[2] Dans les notices allemandes, j'ai replacé dans leur ordre chronologique quelques-unes d'entre elles qui, ajoutées évidemment plus tard, ne se trouvaient pas à leur place.

J'ai naturellement suivi, en indiquant les pages de la *Description*, l'ordre des notes du savant naturaliste; quelqu'un, à qui le cœur en dirait, pourrait facilement, en interfoliant à son tour un exemplaire du livre du chantre de la Cathédrale, reconstituer le volume même de Hermann. Je me suis permis deux espèces de modifications à son texte. D'abord j'ai employé l'orthographe usuelle, ne jugeant pas nécessaire de respecter les quelques archaïsmes (p. ex. *tems* pour *temps*, *quarré* pour *carré*, etc.) de son orthographe. Puis j'ai dû remplacer, en maint endroit, certaine locution fautive, absolument invétérée dans le style de Hermann. Sans écrire avec élégance — loin de là! — le botaniste strasbourgeois savait exprimer en français sa pensée d'une façon très satisfaisante, étant donné l'époque et le milieu dans lequel il vivait. Mais il confond continuellement l'*imparfait* et le *passé défini*, par suite sans doute d'un atavisme germanique irrésistible; pour qu'il n'y eût pas confusion fréquente chez le lecteur ignorant cette influence de la grammaire allemande, j'ai été obligé de substituer l'une de ces formes verbales à l'autre en de nombreux passages, afin de rendre plus nette la pensée de l'auteur.

J'ai laissé naturellement ce dernier s'expliquer, chaque fois dans la langue qu'il avait momentanément choisie lui-même pour exprimer sa pensée; il m'a semblé tout à fait inutile, m'adressant à un public forcément restreint et local, de traduire les quelques pages rédigées en allemand. J'ai cru pouvoir également me dispenser de mettre des notes explicatives nouvelles plus nombreuses au bas de ces *Notes* qui sont déjà elles-mêmes un commentaire d'autrui, et je renvoie les lecteurs curieux du passé aux travaux si détaillés et si solidement documentés de M. Seyboth. Peut-être mon ancien collègue du Comité pour la conservation des Monuments historiques d'Alsace trouvera-t-il lui même encore à glaner, çà et là, quelque menu détail dans ces remarques du célèbre professeur, qu'un heureux hasard m'a permis de remettre en lumière.

ROD. REUSS.

Notes historiques et archéologiques

SUR LE VIEUX STRASBOURG

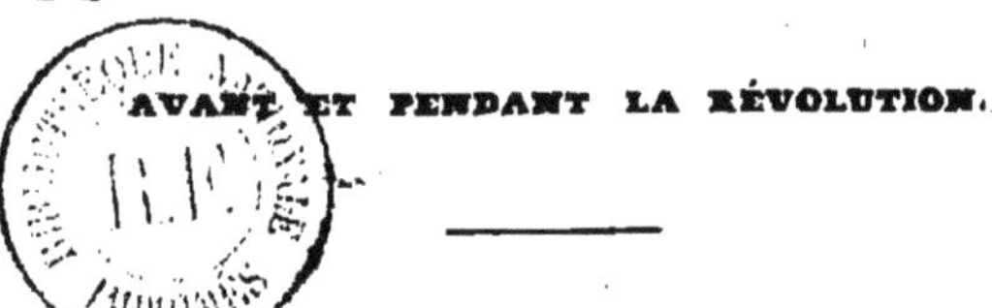

AVANT ET PENDANT LA RÉVOLUTION.

P. 2. — Un ancien voyageur (je ne sais plus lequel; Rühl l'avait raconté à mon frère) dit que Strasbourg „est moult belle". C'est que malgré la plupart des rues étroites et les nombreux balcons allemands, etc., elle était égayée par la rivière et ses fossés; que les maisons et surtout les maisons publiques [1], étaient peintes en fresques. J'ai vu peintes encore de cette manière la Maison de Ville, nommée *der Neue Bau,* peinte en jaune lorsqu'elle fut vendue à des particuliers lors de la Révolution; la Grande-Boucherie; une partie de la Maison de force; l'auberge à la Pomme de pin. On jugera jusqu'où ce luxe est allé en son temps,

[1] Hermann veut dire les édifices publics.

par la tour appelée *die Grüne Wart*, qui tout en haut, au-dessous du toit, a une espèce d'architrave, peinte de cette manière, comme on peut le voir encore jusqu'à ce jour, 1797.

P. 3. **(Burgthor.)** — Mais très certainement il doit y avoir eu un château, du moins un rempart. La terrasse élevée de la Maison prévotale de Saint-Pierre-le-Jeune, qui donne sur le faux rempart, du côté gauche, au coin de la rue de la Nuée-Bleue, derrière l'église, et l'autre terrasse, derrière la fonderie de l'Arsenal, qui fait partie du jardin du gouverneur [1], et à laquelle conduit un pont qui traverse la rue de Sainte-Claire, ces terrasses n'ont pas été élevées par plaisir, mais doivent être les restes d'un château ou d'une espèce de cavalier. Aussi les maisons de la rue dite *Burggasse*, à gauche et donnant sur le fossé, ont encore des restes d'élévation et on entre dans plusieurs d'entre elles

[1] Les tilleuls de cette terrasse, d'où l'on jouissait, presque toujours à l'ombre (parce que la situation est vers le nord), d'une vue superbe, ont été abattus en 1795, le pont de communication supprimé et tout le local réuni à l'emplacement de la fonderie en 1795. (Note de Hermann.)

en montant quelques degrés. La rue elle-même monte un peu en haut parce qu'on ne s'est pas donné la peine de démolir le château en entier, de ce côté. Il y a une troisième élévation plus près de la fausse porte Blanche, qui forme le jardin dans la maison attribuée aux veuves des ministres du culte protestant de l'église Saint-Pierre-le-Vieux.

Il reste une rue ou plutôt un cul-de-sac aujourd'hui, qui conduisait autrefois à Schilique; l'entrée en est au Marché-aux-Chevaux ou le Broglie. On l'appelait communément par erreur *Schildsgasse* ou *rue du bouclier*, ou *Schültsgasse*, c'est-à-dire *rue du prévôt*, mais le vrai nom est *Schilckengass*, *rue de Schilick* ou *Schiltigheim*, tout comme l'autre est appelée mal à propos *Bischofsgass*, c'est-à-dire *rue de l'évêque* tandis qu'elle était nommée *Bischheimergass*, parce qu'elle conduisait à Bischheim ou Bischofsheim.

P. 4. **(Finckwiller.)** — Le Rhin doit avoir coulé autrefois dans le quartier du Finckweiler, ou du moins un de ses bras. Lorsqu'on creusa à quelque profondeur dans le jardin appartenant à Seiler, auparavant à Lichtenberger, et avant lui à

Struve, jardinier, derrière l'Hôtel du Haras, on trouva un sable blanc et fin, tout à fait semblable au sable du Rhin.

— **(Murs du côté du Finckwiller.)** — Ce mur était double. On le voit par ce qui en reste entre le jardin du lieutenant du roi et la dernière maison à gauche dans la rue Sainte-Élisabeth, bâtie par Ewald, négociant, puis achetée par le professeur Fried. La cuvette qui est entre ce mur extérieur et le talus du rempart est un reste du fossé qui y était et dont une partie a été convertie en petits jardins placés plus profondément que le pavé, de six pieds à peu près. Cette cuvette a une petite écluse aux deux extrémités, au moyen desquelles ont peut faire couler l'eau ou de l'Ill dans la direction du couchant au levant, ou celle du bras du Rhin dans la direction opposée peut être conduite dans l'Ill et y tomber près des Ponts-couverts. Et ceci, selon que le Rhin est plus haut que l'Ill ou que celle-ci est plus forte que le Rhin. Il y a dans cette cuvette quelques autres petites écluses, une entre le petit quai, appelé *Uttengängel* et le couvent de Sainte-Madeleine, à l'effet de faire entrer l'eau dans la cour de ce couvent, pour y former un petit lac à l'usage des blanchisseuses; une autre près de l'Hôpital bourgeois pour laver les égouts qui en sortent. Le cours ordinaire de cette cuvette est du couchant au levant.

P. 7. (**La Porte** au bout de la rue qui passe à côté de **Saint-Etienne.**) — Elle était nommée petite porte de Pierre, *das Steinthœrlein.* Il y avait à côté une tour ronde, qui faisait partie de la maison du ministre de Saint-Guillaume. Dans cette tour fut le cabinet d'études de mon père.

P. 8. **(Le centre de la ville.)** — Le plan en relief de la ville qui, ainsi que celui des autres forteresses, se trouve à la galerie du Louvre, a montré que le point du milieu de la ville était exactement le puits à pompe de la cour de la maison du fondeur de cloches Edel, dans la rue Sainte-Barbe avant le passage à la place d'Armes. C'est pour marquer ce point que le possesseur y a fait mettre une fleur de lys dorée.

On fait sur le rempart le tour de la ville dans l'espace d'une heure et demie.

P. 9. **(Les inscriptions sur les portes de la ville.)** — Toutes ces inscriptions effacées par la horde jacobine. (D'une écriture postérieure): Non. Celles de cette porte (*Porte Blanche*) ont échappé; mais celles de la porte de Saverne et de la porte des Juifs, tout aussi innocentes, ont été effacées. Les bêtes trouvaient de l'aristocratie partout.

P. 10. (**L'inscription de la Porte Blanche.**) — Hermann rectifie le texte du dernier vers de Hautemer *in ewigkeit*, en *uff mynen eyd*, et il ajoute: La raison pour laquelle les dernières paroles ont été souvent lues à faux est parce que, premièrement, elles sont sculptées plus en abréviations et à lettres plus serrées, et puis parce que, pendant assez longtemps, l'intolérance de la religion dominante avait obtenu qu'il fût dans la consigne de la sentinelle de ne permettre à personne de s'arrêter pour lire cette inscription.

P. 14. L'inscription de la porte de Saverne donnée par Hautemer fut „effacée par l'ignorance enragée des Jacobins“.

(**La Tour au Diable** au *Grünes Wœrth.*) — On appelle encore „trou du diable“ (*Teufels-Loch*) la partie de la fortification avancée devant le grand magasin qui traverse la rivière.

P. 16. **(Inscription de la Porte des Juifs.)** — Il y eut encore, à droite de la porte, en sortant, les paroles très innocentes et même louables, *praesidio civibus,* et à gauche *terrori hostibus.* Mais tout ce qui était latin parut aristocratique aux ânes révolutionnaires et même ces inscriptions furent effacées impitoyablement[1].

P. 24. **(Le pont sur le Rhin.)** — Ce pont fut entretenu (ainsi qu'un bon nombre de ponts de l'autre côté du Rhin) et tous les ponts de la dépendance de la ville, au nombre de. . . ., au moyen d'un établissement dont le bâtiment était construit entre la ville et le Rhin sous le nom de *Bruckhoff.* Lorsque par une lettre du ministre de Voyer d'Argenson, du 28 juin 1752, il fut enjoint au magistrat, par l'article 23, de faire faire toutes les réparations et constructions par adjudication, le pont du Rhin a été excepté et il a été ordonné que, eu égard aux circonstances, ce service continuerait à se faire par œconomie. Il y avait dans l'endroit où le che-

---

[1] Si cela est vrai, elles ont été refaites du moins pour la porte des Juifs, car j'ai parfaite souvenance d'y avoir lu les deux dictons, *Terrori hostibus, praesidio civibus,* sculptés dans un joli cartouche de la Renaissance. (R.)

min qui conduit à la citadelle se détache de la grande chaussée, un pavillon, d'un rez-de-chaussée seulement, où demeuraient les deux péagers qui recevaient le droit de passe. Celui-ci était d'un sol pour un piéton pour aller, autant pour revenir.

P. 25. **(Les Ponts-Couverts.)** — Ces trois ponts étaient couverts d'un toit, à la manière de la plupart des ponts en Suabe et en Suisse, mais ils ont été découverts en 178. . . . .

P. 26. **(Les ponts sur le canal du Fossé-des-Tanneurs** jusqu'au monastère de Saint-Etienne.) Hautemer avait déclaré qu'ils étaient au nombre de 13. — Il n'y en a que neuf, savoir un dans la grand'rue, masqué de boutiques vers le midi; un entre la place d'armes et le vieux marché au vin; un près de la petite boucherie, qui fut fait en pierre, le dernier de tous, et un près du Broglie. Les cinq autres, de bois, sont: 1° vis-à-vis la grande rue de la grange; 2° au bout occidental de la boucherie, qui ne sert qu'aux piétons; 3° près de la Pomme de pin, appelé pont des Étudiants, parce que c'est là que les séminaristes de Saint-Guillaume se mettaient dans les chariots de deuil dans lesquels ils suivaient les enterrements des protestants hors la ville; 4° près de la Comédie; 5° vis-à-vis le Grenier, pour y arriver.

— **Le Rheingiessen** est un bras du Rhin qui entre dans la ville à l'endroit où la ville joint la citadelle. Depuis une vingtaine d'années il a été conduit de manière que la cuvette du fossé le traverse en passant par dessous. Il coule derrière les grands Capucins et les hangards et passe du côté septentrional de l'hôpital militaire et tombe dans l'Ill près du pont de Saint-Guillaume. Les eaux en sont dirigées par un bassin d'écluse, dehors la ville, près du péage du pont du Rhin, et par une autre écluse, à son issue près de l'endroit appelé la montée des chats (*Katzensteg*). Le pont du Brochet élevé de manière à y passer par des degrés, à cause des rivages très bas, et le pont de Sainte-Catherine passent par dessus. Ce bras sert aux pêcheurs et aux bateliers qui apportent des fagots et du bois de l'autre côté du Rhin. Son eau, là où elle se mêle avec l'Ill, se distingue toujours par sa couleur verte. A son entrée, il s'en détache un filet qui passe du côté méridional de l'hôpital militaire, gouverné par une petite écluse. Une ou deux fois par semaine on l'ouvre pour donner du courant à cette eau, dont le lit est pavé, et pour entretenir la propreté.

P. 27. — Aux églises énumérées ici, il faut ajouter l'Oratoire des réformés de la Confession helvétique, dans la rue *Schildsgass*, bâti en 178 . . . et occupé par les Jacobins pendant le règne de cette maudite et infernale engeance.

P. 30. **(Des statues royales ornant la Cathédrale.)** — On leur ôta la couronne et le sceptre, qui était de cuivre jaune, le 25 octobre 1792. Une année après, ces statues furent mises en pièces et ôtées tout à fait. On commença par Rudolphe de Habspourg, le 17 décembre 1793, qui occupait la troisième niche, à commencer à gauche, du côté du nord, car la quatrième était vide. Les inscriptions étaient en gros caractères de cuivre jaune, fixés au moyen de tringles de fer et suspendus en l'air. Successivement toutes les autres statues furent ôtées, de sorte qu'à la fin de la seconde année républicaine il n'y en eut plus.

P. 36. **(Le maître-autel de la Cathédrale.)** — In der Abbildung des Hohen Altars im Münster, der durch den Brand 1759 zerstœrt worden und in der *Alsace françoise* par Boucher, 1706, in-fol. vorgestellt ist, sind die beiden Eingænge in's Gewœlb unter dem Chor (was man das Heilige Grab nennte) so vorgestellt wie wenn sie beyde en face wæren und sich gegen Abend œffneten. Sie sind aber einander entgegengesetzt und der eine gegen Mittag, der andere gegen Mitternacht. Auch die vier Bildsæulen vor und hinter dem Gegitter erinnere ich mich nicht gesehen zu haben. Auch sind sie nie exequirt worden. Boucher sagt nur, sie seien projectirt. In der Abbildung des Innern der Kirche im nemlichen Buche scheinen mir die Sæulen zu dünn. Die Fenster sind zu helle und es ist kaum angezeigt, dass sie von farbichtem Glass sind. Der niedrigen Bœgen unter den Fenstern, worinnen die Beichtstühle waren, welche 1793 weggenommen worden, sind zu wenige angezeigt, denn es sollen ihrer sieben seyn.

Ich habe einmal in meiner Jugend erzæhlen hœren, dass Louis XIV im Sinn gehabt habe den zweyten Thurn, davon der eine Pfeiler mit der Schnecke daran, schon angefangen war, und die ich selbst etwan zwœlf oder wie viel Stufen hinaufgestiegen bin, durch Vauban aussbauen zu lassen, dass er es aber doch habe bleiben lassen, und das dazu bestimmte Geld, wenigstens zum Theil, an den Ornat (sechs grosse silberne Leuchter, sechs Schuh hoch) gewendet habe.

P. 38. (L'*antiphonaire* du Sr Olivier de Marseille, exécuté en 1767) a coûté 18,000 livres. Les polissons à bonnet rouge l'ont abîmé.

P. 40. **(A propos de la prétendue corne d'unicorne**, conservée à la Cathédrale.) — En l'an III de la liberté française, le 21. vendémiaire, je la fis descendre, d'après une délibération du District de Strasbourg, datée du 2. fructidor, l'an II. Je la fis transporter chez moi pour la nettoyer et ensuite la faire dessiner et écrire sur elle un traité plus détaillé que n'est le programme doctoral que j'ai écrit en latin à son sujet en 1785. Jusqu'ici je n'en ai rien fait, les moyens me manquent. Buffon lui-même en a parlé comme d'une corne de bœuf; c'est le conte le plus plat. J'ai démontré dans mon programme que c'est là défense d'un éléphant. Probablement elle a été trouvée dans le Rhin, où on en a trouvé aussi d'autres morceaux et des dents machelières, et comme on n'en avait point de cabinets (*sic*), on l'a suspendue là, en lieu public. Elle est cassée en deux et liée par des bandes de fer.

P. 46. **(L'horloge astronomique.)** — Cet ouvrage peut avoir été admirable pour son temps. Mais certainement il ne l'est pas pour nos jours. Il fut démonté, à peu près dans le temps de la Révolution, un peu avant. J'en vis longtemps le rouage dispersé dans l'enclos de la balustrade qui l'entoure. Probablement il ne sera plus remis en ordre.

P. 47. **(Le palais épiscopal.)** — Pour l'amour des étrangers on aurait dû dire que ce palais est bâti sur un terrain si inégal que les chambres sont à rez-de-chaussée en entrant et au premier du côté de midi. Le milieu est orné de quatre belles colonnes; une terrasse règne entre le palais et la rivière. Dans l'intérieur du portail, dessous la balustrade et tout le long régnait une inscription qui disait qu'Armand Gaston de Rohan l'a fait bâtir, je crois en 1742. En 1744 Louis XV y demeura. Il fit présent au cardinal de son buste en marbre blanc, dans l'inscription placée au piédestal de laquelle (*sic*) il n'en est pas fait mention, à mon étonnement. Car c'était du moins flatteur pour le cardinal. Voici l'inscription: Ludovicus XV. Francorum decus et amor, hostibus in Belgio caesis, in Alsatia fugatis et Friburgo deleto, hoc regiae majestatis specimen Em. Cardinali princ. de Rohan, dono dedit MDCCXLVI. Ce buste a été fait à Rome par Girardon; il a échappé aux Vandales.

Ce buste fut placé dans la troisième pièce après celle appelée la salle des Évêques, dessous un baldaquin, derrière une balustrade dorée. Elle suit immédiatement la grande salle à manger, partagée en deux parties. Elle s'appelle salle des Évêques parce qu'il y avait huit portraits d'évêques de grandeur naturelle, dont le premier était Érasme, les autres pour la plupart des Furstemberg. Ils furent brûlés en 1793. La dernière salle, sous un toit particulier, était la bibliothèque, ornée de quatre pièces de Gobelins, représentant l'histoire de Constantin-le-Grand, et aux armes de Rohan. Aux deux extrémités les quatres évangélistes qui se trouvent aussi représentés dans les stucs dorés du plafond, dans les quatre coins.

Dans la chapelle, au bout de cette salle, dans laquelle se célébrait les sacres des prêtres, le tableau de l'autel était un Correggio représentant la naissance de Jésus-Christ, inimitable pour la clarté que répandait l'enfant. Un Anglais en avait offert autant de louis qu'il en faudrait pour en couvrir la surface. Au-dessus de la grande fenêtre étaient placés deux anges adorant la croix, de grandeur colossale, exécutés en cuivre battu et dorés. Je les vis placer à peu près en 1760; ils furent ôtés et envoyés à la fonderie en 179...

La statue de la Liberté, placée au milieu, au-dessus du portail, exécutée par Étienne Malade, originaire de Mayence, fut placée le 12. et le 13. fructidor de l'an II. Elle est composée de trois pièces. Toutes les autres statues, vases et reliefs, y furent auparavant. Les festons de trophées cependant furent changés. Les deux reliefs sur les deux pavillons sont d'un autre maître et assez mauvais, tandis que les pièces du portail sont très bonnes. La statue fut inaugurée par les maçons avec musique, en présence du maire et d'un membre municipal, le 14. fructidor, lendemain de l'arrivée du représentant Foussedoire qui devait mettre fin au despotisme robespierrien. Je voudrais que la statue eût une physionomie plus fière et que la couronne fût renversée et non pas fendue, et que la mitre épiscopale fût plus visible. Le bras droit qui fut sculpté séparément est aussi plus fort que le gauche.

L'auteur aurait pu ajouter bien des choses. Voilà ce que l'architecte Pinot m'en a dit en 1795. Le plan en a été fait par M. de Côte, Massole (*sic*) l'a exécuté. Il dit que l'entrée et la façade septentrionale a mérité l'approbation des connaisseurs, mais qu'on trouve à redire à celle du midi; que surtout les colonnes ne devraient pas être engagées; que de Côte aurait fait autrement s'il avait été sur les lieux et qu'il eût pu avoir connaissance de l'exposition des localités. Les deux belles statues sur le portail, représentant la Force et la Foi (cette dernière changée depuis la Révolution et recevant d'autres attributs) ont été faites par Le Lorrain. Les meilleures peintures dans l'intérieur ont été faites par Parossel.

P. 48. **(A propos du Collège de l'Université catholique.)** — L'amateur ajoutera à l'*Histoire de l'Évêché de Strasbourg* par Grandidier[1] que le premier et dernier évêque constitutionnel, François-Antoine Brendel, est mort en qualité d'archiviste du département du Bas-Rhin, au bâtiment du Collège, occupé par l'École centrale, l'an VII, la nuit du 3 au 4 prairial, âgé de 63 ans. Son éloge funèbre, prononcé sur sa fosse par le citoyen Bottin, a été imprimé par ordre de l'administration centrale chez F. G. Levrault, en onze pages.

— **(A propos de l'Université épiscopale.)** — La chaire de droit canon fut établie en faveur d'un certain Ditterich, ultramontain outré, et qui voulait avoir à toute force une place à Strasbourg. Il émigra dans la Révolution.

P. 49. **(A propos du Bruderhof.)** — Ce Bruderhof était peint en fresque par Wendelin Dieterlin. (Schœpflin, *Litterat. Alsatiae,* II, p. 235, dont il a fait présent au professeur Oberlin[2].

---

[1] J. Hermann n'avait sans doute jamais regardé de près les volumes publiés par Grandidier, sans quoi il aurait su que le second et dernier volume du jeune savant s'arrêtait en 965 déjà.

[2] Il s'agit du manuscrit de l'*Alsatia litterata* du célèbre historien, brûlé en 1870.

P. 51. **(Le Séminaire catholique.)** — Ce Séminaire fut reconstruit à neuf et achevé en 1769, ainsi que le portait une inscription au-dessus du portail. C'est une vraie masse de pierre. Le bâtiment fut attribué à l'École de santé en. . . . .

— **(Le Marché Gayot.)** — Ce marché est renfermé en partie par le nouveau magasin à sel qui a été transféré là depuis que la cantine de la ville fut transférée de l'endroit nommé *die Krœte* (sous le nom de *Falkenkeller*) dans le magasin qui avait servi jusqu'ici à la conservation du sel vendu exclusivement par la ville. Cette maison est aujourd'hui un cabaret, nommé *au Tambour-major.*

P. 52. **(A propos de la Maison du Directoire de la Noblesse.)** — La maison fut vendue à la Révolution et convertie en café. Les deux balcons allemands reçurent une terrasse à leur sommet au lieu des deux toits pointus en minarets.

P. 53. **(A propos de la Chapelle de Saint-Antoine.)** — Derrière Saint-Antoine, il y a un chantier de la ville qui donne sur le fossé intérieur. A l'entrée de ce chantier il y eut autrefois un reste d'une forte tour ronde, entre laquelle et le mur qui enferme Saint-Etienne il y avait la petite porte de la Pierre (*das Steintœrlein*), qui ne doit pas être confondue avec la porte de Pierre du faubourg. La rue porte encore le nom de *Steingæsslein*. Tout cela fut démoli et le passage élargi, environ 1760, après que le pont Royal fut construit.

Vis-à-vis ce chantier, se trouve l'atelier pour les constructions (der *Maurhof*). L'inspecteur de cet atelier ou le premier maître maçon de la ville était appelé *der Lohner*. Lorsque par le 23me article de la lettre du ministre Voyer d'Argenson, datée du 28 juin 1752, il fut enjoint au Magistrat de faire les constructions et réparations par adjudication au rabais, ce nom fut changé en celui de inspecteur des bâtiments (*Bau-Inspector*). Samuel Werner fut le premier qui remplit cette fonction. Après sa mort ce fut Boudhors.

P. 56. **(L'Hôtel de l'Intendance** et le préteur M. de Klinglin.) — Ce dernier, dit Hautemer, *l'avait fait bâtir à grands frais*. Hermann rectifie: „C'est-à-dire avec des matériaux et par des ouvriers de la ville. Quand (la maison) fut achevée, il la fit regarder comme sa propriété, et la fit acheter par la ville qui ensuite, de nouveau, la lui donna à habiter. C'était un grand coquin.

— **(Le grenier public.)** — Autrefois il avançait jusqu'à être à peu près dans la même ligne avec la façade de l'Intendance. Mais aussitôt que l'Intendant fut en possession de son nouvel hôtel, on en a coupé la partie qui lui ôtait la vue du côté du nord. On bâtit l'aile à droite de la cour, pour servir de secrétariat et la galerie de communication avec la cuisine. C'est bien mal dit que le grenier semble bâti dans le jardin. Il n'y a point de jardin. Pour masquer le vieux mur du grenier on a mis en bosquets le petit espace qui se trouve entre la cour et le grenier. Sur l'escalier il y a deux statues en stuc, assez mal faites, tous les muscles en étant comme dans un état convulsif. On avait dit que par les deux statues d'Hercule; l'une domptant le sanglier d'Erymanthe, et l'autre l'hydre de Lerne, qui se trouvaient sur la terrasse, Klinglin a fait allusion à la manière dont il gouvernait la ville.

En deçà du fossé et vis-à-vis les greniers se trouvait autrefois la „serrurerie de la ville" (*die Stadt-Schlosserey*), entre laquelle et le pont se trouvait une des tours, dont on voit de ce côté encore la suite, du moins de la partie inférieure, qui s'étend le long du fossé vers le couchant. Entre cette tour et l'arsenal il y avait des maisons,

P. 57. — Voyez la description (des greniers) dans un manuscrit curieux in-quarto, que j'ai sauvé peut-être de la destruction, composé par le directeur de ce grenier, Hænlé. Il porte le titre: *Kurtze doch wahrhaffte und gründliche Beschreibung derer Früchten und Getreidt auch übriger Gewæchse und Feld-Pflanzen, welche absonderlich in der Provinz Elsass gebauen werden .... wie das getreidt lang und wohl auf denen Fruchtkæsten und Kornspeichern conservirt und auffbehalten werden koenne ..... von Christian Hænle der Stadt Strassburg Kornmeister, anno 1747*, avec treize planches peintes et les prix des différentes espèces de blé, depuis 1197, sans suite, et par suite régulière depuis 1615 jusqu'en 1746 [1].

---

[1] Ce manuscrit périt dans l'incendie de nos bibliothèques, en 1870, mais M. l'abbé Hanauer a encore pu l'exploiter pour ses Études économiques.

P. 58. — **(L'hôtel des Deux-Ponts,** ci-devant Gayot.) — Bâti par son beau-père Belombre, trésorier. Dans cet hôtel tout est sacrifié à l'escalier qui occupe tout le corps de logis. — („Un vrai hôtel de fée" dit Hautemer.) Surtout, ajoute Hermann, le petit boudoir de la princesse qui donnait vis-à-vis l'arsenal, sur le balcon. Au commencement de la Révolution le prince Maximilien, aujourd'hui électeur de Bavière, en a fait emporter tout l'intérieur, ensemble avec les autres meubles, glaces et parquets. Et l'hôtel est aujourd'hui un café et entièrement sans-culottisé, parce que dans une république il ne faut rien de beau, hormis la capitale.

P. 59. — **(A propos du vieux Pàlais des Empereurs au Luxhoff.)** — Hautemer parle de la visite de Sigismond et des fêtes que lui donnèrent les dames de Strasbourg. „Cette fête, ajoute notre auteur, était à peu près dans le même goût que celui avec lequel l'appartement était orné. J'ai vu encore la principale chambre que l'empereur occupait. Le mur était peint en fresque de guirlandes et d'arabesques si grossièrement que la moindre tapisserie de papier peint doit paraître élégante aujourd'hui en comparaison de cet ornement." — A la Révolution (le palais) fut vendu et converti en brasserie. Une des conditions de la vente fut qu'une partie qui avançait dans la ruelle, et où il y avait encore une petite porte (reste de l'ancienne enceinte, *voy. Silbermann*), serait coupée. De cette manière le passage, qui auparavant était très étroit, reçut une largeur convenable. Je crois qu'une petite partie en avait été cédée auparavant au trésorier Belombre, quand il bâtit un hôtel devenu depuis hôtel de Deux-Ponts.

C'est là qu'on conservait les débris des ornements des fêtes publiques, les meubles dont avaient besoin temporairement les gouverneurs et intendants, mis à la charge de la ville, malgré la capitulation. C'est ainsi que j'y ai vu une centaine de réchauds portatifs qui durent être exécutés à la hâte par le serrurier de la ville, lorsque le roi de Dannemarc passa par la ville et logea chez le maréchal de Contades.

P. 60. — (**Le grand étendard de la République** se trouvait aux Archives de la ville) où il fut détruit le 21 juillet 1789 dans l'infâme pillage de l'Hôtel-de-Ville. Le petit étendard se trouve à la Chambre des modèles de la Bibliothèque de l'Université.

P. 61. **(A propos du Broglie.)** — Depuis la Révolution cette promenade a été appelée promenade de l'Égalité; le peuple allemand l'appelle toujours encore le Marché aux chevaux. Les tilleuls (plantés au Broglie) font mauvaise mine dès que la chaleur se fait sentir, parce qu'ils sont plantés sur un terrain rapporté de décombres.

P. 62. **(La Salle de la Comédie.)** — Elle porte sur la façade du Levant l'an MDCCI (H. avait d'abord écrit MDCCIV). Le portique du côté du couchant, à l'entrée, n'a été ajouté que longtemps après, à peu près en 1760. — La Comédie de Strasbourg a toujours été une des mieux montées et beaucoup d'excellents acteurs y ont été formés, comme Préville, la Huberti.

(Suit une coupure imprimée des *Affiches* de Dannbach: „*Théâtre National*: Demain, 10. prairial an 8, première représentation du *Petit Poucet ou l'Orphelin de la forêt*, drame en 5 actes et en prose des citoyens Cuvelier et Hapdé, etc. Changemens à vue, pluie de feu et tout ce qu'il faut pour la pompe de la pièce.")

C'est à la suite de cette belle pluie de feu, et par une négligence inconcevable et impardonnable du directeur ou entrepreneur Denemery, que ce bâtiment a été consumé par un incendie le 11. prairial (31 mai 1800), de grand matin, à 4 heures. On devait y donner le 14. la première représentation de l'opéra allemand *La flûte magique*, pour laquelle on avait fait beaucoup de préparatifs et de dépenses. Le bâtiment fut construit par la commune et lui valut 3000 francs de loyer annuel.

P. 64. **(L'Arsenal et la Fonderie.)** — La façade de l'arsenal et de la fonderie ne fut autrefois qu'un mur sans fenêtres, enfermant un rez-de-chaussée, qui servait de magasin. Tout en bas, il y avait une espèce de cour avancée, entourée d'un mur à hauteur d'appui, par laquelle on entrait chez le commandant de l'arsenal. Quelques maisons régnaient jusqu'au pont, avant lequel il y avait une tour, démolie en 17... et à droite de cette tour était la serrurerie de la ville, démolie en 1793. La salle pour l'École du Génie fut bâtie la première en 17. . .; elle contient cinq croisées. Le bâtiment fut continué en 17 . . . Il ne resta que le commencement au coin de la dernière petite rue, à l'entrée de la fonderie, où il y avait encore une vieille petite maison de bois avancée, occupée par le mécanicien du génie. En 1794 cette partie fut démolie et bâtie en continuité avec le reste, précisément dans le temps où les matériaux et la main-d'œuvre, et généralement tout, furent d'une cherté excessive.

P. 65. (**A propos de la „Maison de fayence"** de la rue de la Nuée-Bleue). — Cette maison de fayence n'existe plus. Elle fut bâtie à neuf peu d'années après l'édition du présent livre. C'était celle qui porte aujourd'hui le n° 18. L'homme qui l'avait ornée de cette manière était-il peut-être Espagnol et natif du royaume de Valence, ou a-t-il voulu imiter le goût de ce pays, où l'on fait d'une terre particulière une espèce de porcelaine, nommée *azulijos*, dont on couvre les planchers et garnit les murs des chambres? C'est ainsi que j'ai vu aussi autrefois dans les boutiques de plusieurs barbiers, et nulle part ailleurs, le mur derrière le poêle garni de plaques de fayence peintes en bleu. A peine la chose méritait-elle qu'on en fit mention. La maison avait probablement appartenu à un potier de terre. C'est tout comme si on voulait parler d'une autre maison, à côté de l'Observatoire, sur laquelle on a mis de petites figures de cavaliers en terre cuite[1].

P. 66. **(A propos de l'église de Saint-Pierre-le-Jeune.)** — Le clocher nouveau de cette église, bâti vers le milieu du XVIIIe siècle, l'an . . . ., était un chef-d'œuvre de mauvais goût. On est redevable au télégraphe de la ligne de Bâle, qui y fut établi en floréal l'an 7., que cette pièce détestable ait été enlevée.

P. 70. **(La chapelle des Mullenheim à la Toussaint.)** — L'inscription en lettres monachales sur la porte latérale qui donne dans la rue fut effacée par les polissons ultrarévolutionnaires. La porte elle-même fut murée en 1797.

— La *Bergherrengass* qui est la rue qui, dans le faux bourg de Pierre suit la rue de la Toussaint, est nommée d'après des intéressés à des mines, peut-être de Sainte-Marie. Isaac Minckel, en était un,

---

[1] Il n'en reste que des tronçons informes, que j'ai souvent regardés à la lorgnette, du grenier surplombant de la maison voisine, alors que j'habitais le n° 39 de la rue des Bouchers. (R.)

dont le jardin est vanté par Gessner, *de hortis Germaniæ.* On voit encore au bâtiment qui est dans le fond du jardin, qu'il avait été bâti avec le luxe propre à ces temps. Les murs en dehors offrent encore quelques peintures en emblêmes. Le bâtiment, au milieu du XVIIIe siècle, fut arrangé pour une raffinerie de sucre qui ne dura guère. Dans la suite, il fut converti en une blancherie de cire et une fabrique de bougie qui ne subsista pas plus.

P. 73. **(A propos du médaillon épiscopal** sur la porte de Saverne.) — On ne la fera plus (la vérification de l'hypothèse de Hautemer) sur l'original même. Car, dans les temps infâmes où la canaille eut le dessus, et fut à la tête des affaires, ce médaillon fut détruit à la manière de tous les autres monuments les plus innocents, au mois de novembre 1793.

P. 74. **(A propos des religieuses de Saint-Marc)** dont Hautemer dit qu'elles abandonnèrent leur couvent, dont la ville *s'empara*, Hermann ajoute en glose: Si ces filles abandonnèrent elles mêmes, comment peut-on dire que la ville s'en est emparée? Fallait-il les laisser (les biens) aux païsans qui les cultivaient? Pouvait-on en faire un meilleur emploi? Cet emploi ne valait-il pas infiniment mieux que de les faire servir à des filles devenues inutiles à la société et chantant matines dans une langue à laquelle elles n'entendaient rien. Plût à Dieu que la nation française, dans sa révolution, eût été aussi sage que nos ancêtres!!!

P. 76. **(A propos de la bibliothèque de MM. de Saint-Jean.)** — Le catalogue s'en trouve dans l'Armamentarium de Nicolas Weislinger, fameux controversiste de grossière mémoire; (elle fut) placée dans les derniers temps avant la Révolution, dans la mansarde du bâtiment qui est à gauche, en entrant.

P. 94. **(La Tour-aux-pfennings.)** — Cette tour n'avait point de toit, mais était tronquée et flanquée de quatre tourelles, ainsi qu'on peut le voir dans les anciennes représentations de la ville. A mon étonnement, Silbermann, dans son *Histoire locale*, n'en dit pas le mot[1]. Le trésor et le bureau se trouvait proprement dans un coin

[1] Silbermann en aurait parlé dans son *deuxième* volume, que sa mort empêcha de paraître.

avancé, du côté de la Pomme de pin. On y conservait sous le nom de licorne, une dent de narval, dans un étui, avec un avis de la faculté de Louvain. Elle coûtait cher à la ville, un apothicaire la lui ayant engagée pour une somme considérable.

On disait, en badinant, que les vieilles filles, qui avaient passé un certain âge, étaient obligées de se frotter contre cette tour. Le passage en dessous était toujours très malpropre, parce que des deux côtés ainsi que sur le pont de bois, il y avait des boutiques de bouchers. Cette tour s'étant fendue, on commença à l'abattre en partie, l'an 1746, au printemps. Plusieurs années après elle fut démolie en entier, le pont construit en pierre, ainsi que les boutiques des bouchers, qui devaient être continuées dans toute la longueur de la rue jusqu'au vieux marché au vin. La maison qui faisait un coin avancé fut démolie de même jusqu'à la façade de la *Pomme de pin*. Ce qui en restait, fut destiné au même usage. Mais après la Révolution cela fut vendu et devint brasserie comme presque toutes les grandes maisons, car il n'y a plus que cafés, brasseries, auberges dans une République.

P. 98. **(A propos d'un Vauxhall projeté)** par le préteur d'Autigny. Il devait être établi devant la porte des Juifs, sur le communal à gauche de la promenade du Contades, entre le chemin et les jardins attenant au glacis. Son exécution aurait coûté un million et l'idée en était ridicule aussi, à cause de la situation près des fortifications. Il serait détruit aujourdhui avec les autres jardins devant la ville. Le modèle, lui seul, a coûté à M. d'Autigny cent louis.

P. 100. **(L'Université protestante.)** — Cette Université a été culbutée définitivement par décret de l'Assemblée Nationale, à l'instigation du représentant Couturier, marchand bouvier de profession, appuyé par André, du Bas-Rhin, Laurent, aussi du Bas-Rhin, menteur des plus effrontés, malgré les réclamations du représentant Hermann, député du Bas-Rhin, le 9. ventôse an 7. ou le 27 février 1799 [1]. O Sturm! brave, savant Sturm! Ton ouvrage est bouleversé par la cupidité vandale d'une

[1] Le frère de Jean Hermann, plus tard maire de Strasbourg, auteur des excellentes *Notices sur Strasbourg*, parues en 1818 et 1819.

poignée d'hommes étrangers à la chose, à l'instigation d'un soulon étranger à la Commune[1] !

P. 101. **(Représentations théâtrales dans la cour du Gymnase.)** — J'ai encore vu dans ma jeunesse des cuirasses et des restes d'un grand cheval pour la représentation du *Siège de Troie*, le tout fait de carton et conservé dans un galetas du couvent de Saint-Guillaume, à l'extrémité du grand corridor. — (Ce théâtre) était adossé contre le mur du grand auditoire, au-dessus duquel est la bibliothèque. Il y a encore les grands trous dans le mur où se mettaient les poutres. Les galeries qui existent encore aujourdhui en face des cabinets d'études des élèves de Saint-Guillaume servaient de loges.

— **(Passage de la Pomme de Pin.)** — Pour la notice d'un futur minéralogiste j'observe que la demi-douzaine de marches par lesquelles on monte près du petit pont des Etudiants à l'auberge de la *Pomme de pin*, qui est un passage pour arriver à la place d'Armes, très fréquenté,

[1] Veut-il parler du député Laurent, ou quel est ce „soulon“ détesté?

a été renouvelé en 1797, en été. Ces marches avaient été si usées qu'elles formaient presque un talus uniforme et rapide, très dangereux par un temps de pluie et en hiver. J'observe ceci, afin que la postérité puisse juger combien de temps il faut pour user la pierre de sable jusqu'à ce point.

P. 102. **(A propos de l'Académie des trouvères allemands (Meistersænger.)** — Ils avaient une chaire assez élevée, sur laquelle s'asseyait celui qui chantait, ce que quelquefois je vis faire au chantre avec des grimaces assez singulières. Les juges étaient enfermés dans une petite clôture, et marquaient les fautes que le chantre avait fait, soit dans la versification, soit dans la modulation. D'un côté de cet enclos était suspendue une petite couronne d'argent avec trois pierres fines et attachées à des chaînettes d'argent, et une couronne de feuilles de laurier. Celui qui avait commis le moins de fautes recevait en prix la première qu'il rendait le lendemain en la troquant contre un écu; le second échangeait sa couronne de laurier contre un prix de huit sols. Le troisième ne recevait rien, mais avait le droit de siéger avec les deux autres dans la séance d'après (*im Gemerck zu sitzen*). Ces séances étaient annoncées, les jours de grandes fêtes, par des tables noires qui pouvaient se fermer en manières de livres et étaient décorées de peintures et de rimes. Il y en avait une de suspendue à l'entrée de la maison même, une autre au haut des Grandes-Arcades. Elles sont conservées à la bibliothèque publique.

P. 103. **(A propos de la rue qui conduit, près du poêle de la Lanterne aux Petits Capucins.)** — C'est dans cette rue même que vous observez à gauche, en allant aux Petits Capucins, à la maison n° ... une tour carrée, haute de sept étages. Je ne trouve rien dans Silbermann ni dans aucun autre auteur. Comment donc n'a-t-elle pas dû frapper? Quand peut-elle avoir été construite et pour quelle fin? Etait-ce une échauguette dans les temps où cette partie de la ville était hors les murs, comme dans la suite il y en a eu devant la porte Blanche, *la Grüne Wart*, démolie en 1798, et devant la porte de l'Hôpital, *la Hohe Wart* démolie longtemps auparavant?

(Le théâtre du poêle des Drapiers.) — Ce théâtre était bâti dans un local très désavantageux, de sorte qu'on ne pouvait y arriver en aucune manière en voiture. La cour de la Tribu des Drapiers où il est bâti était très étroite et proprement n'était qu'un passage qui, à la vérité, du côté de la rue d'Hélène s'ouvrait par une porte cochère, mais qui ne fut jamais pratiquée. Les voitures devaient s'arrêter dans la rue des Drapiers et y étant descendu devant une petite porte de la Tribu des Drapiers, on pouvait par un défilé arriver à couvert. La cour de la Tribu des Tanneurs, y attenante, pareillement un boyau, avait une porte cochère aux deux extrémités, mais elles n'étaient pas pratiquées non plus et la cour n'était ordinairement qu'un passage pour les piétons. En 1798 on travailla à y percer une rue; la partie de la Tribu des Drapiers, qui séparait les deux cours fut abattue et au mois de décembre la nouvelle rue fut praticable.

P. 104. **(A propos d'un hôtel moderne de la Grand'rue** décrit par Hautemer.) — Il ne peut être entendu d'autre maison que celle qui fut bâtie à peu près en l'année 1760, vis-à-vis du *Gaeckgässlein*, par un maçon prétendu architecte, nommé Starck; elle a sept croisées et un balcon.

Elle était prodigieusement surchargée d'ornements et de bas-reliefs que celui qui en fit l'acquisition après sa mort, M. Ferrier, homme de goût, fit ôter. Ce qu'il y avait de plus détestable, c'était deux colonnes à côté de la porte cochère, qui étaient courbées dans la même direction de son cintre et dont les chapitaux se joignaient en haut, n'étant séparés l'un de l'autre que par un espace qui portait le monogramme de cet ingénieux artiste.

P. 104. **(A propos de la description de l'Hôtel-de-Ville.)** — Ceci est mal présenté. C'est l'ancienne Maison de ville, appelée *Pfalz* (de *palatium*) et démolie pour cause de vétusté quelques années avant l'édition du présent livre, en 1780, qui doit avoir été construite sur les débris de l'église Saint-Martin. Car il en existait encore la chapelle, dont la partie inférieure servait d'archive, et la partie supérieure était la Chambre de Louis XV, qui n'était pas de plein pied avec le reste; mais on y montait par une espèce de perron d'une dizaine de marches. Ce bâtiment, construit en 1358 ou 1321, n'avait rien de beau. Deux escaliers appliqués au dehors, sous des toits particuliers, y conduisaient, l'un regardant le vieux marché au blé et l'autre le marché aux poissons. Le rez-de-chaussée servait de passage et les drapiers y vendaient leurs draps grossiers pour les gens de campagne. Il y avait aussi une boutique fermée, plus basse que le pavé, qui doit avoir été rehaussé. En haut, il y avait un grand vestibule et, outre celle dite plus haut, la chambre du grand Sénat et du petit Sénat. La façade du côté du midi était la plus irrégulière. On peut la voir dans les Fêtes données au roi Louis XV. Le citoyen François Walther l'a dessinée aussi sur les quatre faces, avant qu'elle fût détruite. Avant la fin du XVIIe siècle, il y eut encore devant ce bâtiment, entre la Grand'rue et celle des Hallebardes, une petite maison qui fut celle de la Monnaye.

De cette ancienne Maison de ville un arc de pierre conduisait à la partie située entre la Grand'rue et celle des Serruriers, qui, à l'exception du rez-de-chaussée voûté, fut consumée par un incendie à la suite d'un grand repas en ... C'est dans cette partie que fut, du côté du levant, la chambre des accises ou *Ohmgeld*. Une grande plaque de pierre, fixée dans le mur, contenait l'explication des signes employés dans les acquits à caution, pour y exprimer les mesures. Il y avait aussi une peinture en camaïeu d'un cheval cabrant, de grandeur naturelle, dont je n'ai jamais trouvé ni pu savoir l'origine. (Je vis depuis que ce cheval n'est pas une figure particulière mais un reste de la peinture en fresque dont cette maison avait été ornée pareillement.)

Du côté de la Grand'rue était la Chambre de police et du côté de la rue des Serruriers, celle des Contrats. Au premier, il y avait une seule chambre servant aux principaux magistrats pour s'y assembler avant les séances, appelée Chambre des conférences. L'an III de la liberté, le 16. vendémiaire on commença à abattre cette partie jusqu'à faire alignement avec le bâtiment appelé *Neuer Bau*, dans l'intention de vendre ensuite le reste, ce qui fut fait en 1795, ou l'an III de la République, le 9. fructidor, où le corps de ce bâtiment fut vendu pour 3.300.000 livres, et la partie qui fait coin de la rue de l'Epine et de la ruelle de l'Arbre, pour 281.000 livres. Le jour suivant le coin de la rue des Serruriers, autrefois la pharmacie de Bressler, Lemp, et enfin Martin, qui avait été troquée à ce dernier une douzaine d'années auparavant contre la Maison des Encans, vis-à-vis des Arcades, faisant l'autre coin de la Tribu des Pelletiers, fut vendu au prix de 600.000 livres; ce qui cependant ne fut pas cher, l'écu de trois livres valant alors 125 livres de notre superbe papier-monnaye, de nos assignats qui nous ruinent légalement et loyalement. Ce fut une société qui a acheté ces bâtiments, de Planier, Bergen, Reinbold, Marocco, Brunner.

De cette partie une autre arcade semblable à la précédente, conduisait à celle bâtie par Specklin. Il est évident, soit par la position de la grande porte et le nombre inégal des grandes croisées, soit par la position de l'escalier en escargot placé dans un coin, que l'idée de l'architecte était de comprendre un jour toute cette île de maisons, dont celle qui donnait dans la cour appartenait déjà à la ville. Dès la destruction de l'ancienne Maison de ville, la commune avait aussi fait l'acquisition de la pharmacie Martin (ci-devant Lemp et Bressler) en donnant à Martin en échange la ci-devant Maison des subhastations, qui depuis l'année . . . . .

avait été bâtie à neuf pour servir de bureau de perception du *Stallgeld*. Pour revenir à la nouvelle Maison de ville, appelée *Neuer Bau*, l'escalier en escargot était assez beau, moins cependant que celui du *Frauenhaus* ou de la fabrique de Notre-Dame. Le bâtiment était peint en fresque en dehors et en dedans du côté de la cour. Le rez-de-chaussée servait en partie d'archives et c'est là que les pièces les plus anciennes et les plus intéressantes étaient conservées. En partie il fut loué en boutiques jusqu'au temps de la démolition de l'ancienne maison. Le second servait d'archives pour les pièces moins intéressantes. Il y avait cependant un vieux armoirier (armorial ?) en plusieurs volumes, quelques urnes trouvées aux environs de la ville, les premiers caractères d'imprimerie en bois. Le premier étage ne fut employé au commencement que comme un vaste vestibule, à l'extrémité duquel il y avait la Chambre des XIII, et sur la rue des Serruriers donnait la Chancellerie. Au-dessus était la Chambre des tutelles. Lorsque la vieille Maison de ville fut abattue, les Chambres qui y avaient été furent placées dans le grand vestibule, et l'appendice en bois, bâti dans la cour sur des piliers de bois, fut fait pour servir de bureaux aux procureurs. Dans la nouvelle salle des XIII, on voyait le grand et beau portrait de Louis XV peint par Vanloo. Le buste de Louis XIV était au fond du corridor.

Successivement cette maison fut raccommodée et en 1797 elle fut tout à fait peinte en couleur de terre. Auparavant elle l'avait été en fresque. Le second étage représentait des sculptures gothiques. Au dessus des fenêtres du premier étage étaient peintes des figures allégoriques, une seule grande figure humaine couchée. Voilà ce que j'ai pu distinguer encore des quatre dernières. La première avait l'inscription grecque *Nomothetés* et dessous, Esaias, Sap. IV, 1, Macc. 3, 2, Macc. 1. Celle d'après représentait un homme tenant un crible, avec l'épithète *Eukrateia*, Corinth. 6, Timoth. 4, Galat. 5. La troisième portait *Sebast.* . . Jacob., 3, Ephes. 4, Tit. 3, 1 Petr. 3. La quatrième *Poneticos*, Syrach, 6, 50, Hebr. . ., Apocal. 2. C'est Wendelin Dieterlin, inventeur de la peinture au pastel, selon Scheffer (*de arte pingendi*, p. 178) qui l'a peint, ainsi que le ci-devant Bruderhof. (Schœpflin, manuscr. de l'Alsatia Litterata, tom. II, p. 179.)

P. 106. **(A propos des tableaux de Stosskopf.)** — Ces tableaux furent détruits dans l'infâme pillage de la Maison de ville, arrivé en 1789, le 21 juillet. (Le grand étendard) fut détruit pareillement à la même occasion, avec quelques autres curiosités. On en trouve la figure dans Kœnigshoven.

— **(A propos de la Grande Pompe, près du Marché-aux-herbes.)** — Cette pompe passe pour donner la meilleure eau de la ville. Au-dessus de cette pompe [1] il n'était pas permis de vendre du poisson mort.

P. 106. **(A propos de l'École de dessin au poêle de la Moresse.)** — Le préteur d'Autigny la soutint beaucoup, et je sais que, deux fois au moins, une médaille fut donnée à celui qui avait fait le meilleur dessin de l'Hercule du mausolée du maréchal de Saxe et la seconde fois de la figure de la France.

— **(A propos du poêle du Miroir.)** — La partie de derrière, donnant sur la

---

1 C'est-à-dire à plus grande proximité du Marché-aux-Herbes (place Gutenberg).

Grand'rue fut reconstruite en 17...., la grande salle fut exhaussée en...., la musique ne faisant pas assez d'effet. L'an III de la liberté, au milieu du mois de vendémiaire, cette Tribu, que la nation avait déclaré bien national, fut vendue au citoyen Ferrier pour 114.000 livres. Si on avait attendu un an de plus, cette maison aurait été poussée au-delà d'un million, qui n'aurait pas valu plus pour cela.

P. 109. **(A propos de l'église Saint-Thomas.)** — Il y a deux tours, l'une carrée, à l'extrémité occidentale ; l'autre au-dessus du chœur, est octogone, surmontée d'une pyramide. Celle-ci perdit son excellente girouette, en forme de coq, qui passait pour la meilleure de toute la ville, l'an II de la République (1794), ensemble avec la croix sur laquelle elle était posée. Elle était toute simple, formée d'une poutre de six pouces d'équarrissage, haute de neuf pieds et large de six pieds, renforcée de deux barres de fer et recouverte de lames de cuivre doré. Le pivot sur lequel le coq tournait avait près de trois pieds de haut. Ce ne furent pas les directeurs de Saint-Thomas qui le firent ôter, mais la municipalité, qui envoya du monde sur tous les clochers pour ôter ces objets scandaleux. C'est qu'elle avait reçu du Directoire du Département, par le canal du District, une lettre fulminante sur ce que la loi n'était pas encore exécutée qui ordonne que toutes les marques extérieures du culte soient à détruire. Et ceci, comme on entend bien, sur une motion faite à la Société populaire. On appliqua des échelles, dont les dernières furent placées, perpendiculairement, et en haut une poutre avec une poulie. Après quatre jours et demi de travail pénible et dangereux, par lequel un homme lima et scia les barres, on parvint enfin, le 17. germinal, à deux heures un quart, à descendre cette croix. Et voilà la République sauvée ! Les lames de cuivre furent envoyées à la Fonderie, et la girouette fut mise à l'atelier du charpentier de la ville. Le coq était percé d'un trou ; ce trou était précisément dans le milieu de la queue, et ne venait pas d'un coup de foudre mais d'un coup de fusil que le receveur de Saint-Thomas, Wildermuth, y tira. Le coup ne porta pas perpendiculairement sur la lame, mais bien obliquement, le trou étant allongé et une forte et profonde gouttière avant le trou. Une portion de la lame, épaisse au moins de trois lignes, était repliée. Le coq était extrêmement mal dessiné et travaillé. Point de pieds, le corps fort allongé, horizontal ; la crête arrondie, formée de trois lames inégales, mal appliquées, réunies par des clous rivés. Dans la région des yeux, du diamètre d'environ quinze lignes, étaient appliqués des tenons ou agraffes, qui assujettissaient autrefois probablement un morceau de verre colorié [1]. Sur les deux côtés du corps étaient gravés très mal et légèrement égratignés les mots suivants, à peine lisibles : *Anno domini MCCCCLXXIIII. Joan. Mljanij.* La surface, vue au microscope, était raboteuse et couverte de quantité de petits sillons remplis de vert-de-gris. Il semble que la lame n'a pas été bien lissée et que l'or n'a pas pris sur les parties enfoncées. La poitrine toujours opposée aux vents et aux pluyes était presque entière-

---

[1] J'ai obtenu ensuite une de ces plaques de verre du sacristain Gutmann, qui l'avait détachée, et j'ai vu que c'était un morceau de verre brun très grossier, qui avait perdu tout son éclat et transparence et était décomposé et exfolié et rongé à la surface. Je la conserve dans mon cabinet. (H.)

ment verddegrisée, tandis que la queue était beaucoup mieux conservée et dorée. Sur mes représentations et expositions de ces faits au bureau des travaux publics, cette girouette me fut envoyée le 3. floréal. J'y mis des étiquettes qui annoncent ces particularités et je la mis au cabinet de la Bibliothèque publique.

L'anecdote du coup de fusil m'avait été racontée par un de mes collègues, je crois le professeur Schweighæuser. Mais en ayant parlé dans la suite au sacristain Gutmann, âgé de 78 ans, celui-ci m'assura qu'il n'en avait aucune connaissance; qu'il avait connu Wildermuth dès le commencement, et Marbach avant lui, et même Goll, receveur avant celui-ci; que quoique demeurant à côté du receveur, et membre du collège des arquebusiers, par conséquent attentif à tous les coups de fusil remarquables, il n'en avait jamais rien entendu, et que ce trou devait provenir d'un coup de foudre. Ce qui me paraît aussi bien plus naturel à l'heure qu'il est, où j'y réfléchis davantage. Car un coup de fusil n'aurait replié la lame qu'autant que la balle qui la traversait, la trouvait sur son chemin, et non pas autant qu'on voit qu'elle l'est. Dans ce cas il est toujours assez singulier que le coup ait éclaté précisément dans le milieu de la queue. Cependant la femme du docteur Blessig assura avoir entendu raconter souvent cette anecdote par son beau-père le docteur Beyckert. Il n'y avait plus d'autre chanoine en vie qui eût pu l'attester. Lorentz et Kugler disaient qu'ils avaient été absents, et qu'ils avaient entendu pareillement raconter la chose; que le coq ayant été tourné pendant longtemps d'un même côté, Wildermuth dit : „Attends, bougre, je te ferai bien changer et nous amener un autre temps!" — Je suis persuadé aujourd'hui que tout cela est un conte. Cela doit venir d'un coup de foudre.

La grande croix espagnole, c'est-à-dire terminée à ses trois extrémités d'une espèce de trèfle, taillée en pierre et percée dans le milieu d'un trou rhomboïdal, qui était placée sur l'avance septentrionale de la tour quarrée, où sont les soufflets des orgues, fut abattue le 19. germinal, à midi. Celle du côté opposé, sur laquelle avait été placé, en guise de girouette, un poisson de cuivre doré, fut abattue la toute première.

P. 112. **(A propos du Génie de la Guerre sur le mausolée de Maurice de Saxe.)** — Il était casqué, à la vérité, au commencement. Mais on l'a critiqué différemment. Je crois qu'on avait dit entre autre à Pigalle que c'était double emploi et qu'Hercule représentait déjà la même idée. Pigalle ayant hésité pendant longtemps, je vis moi-même comment il fit sauter le casque à coups de marteau. On dit que le génie représente maintenant un Amour, dans lequel le maréchal passait aussi pour un vaillant héros.

On eut beaucoup de peine à sauver les lys dont le manteau de cette figure (la France) est parsemé, du marteau destructeur des Vandales enragés.

P. 114. **(Chapelles de Saint-Thomas.)** — Dans une chapelle attenante, du côté du midi, on conservait autrefois dans des cercueils d'étain, de plomb et de cuivre les corps embaumés d'un comte de Dhaun, d'un de Leiningen et d'un de Baer, Courlandais, décédés à Strasbourg. Mais dans les temps du Robespierrisme, où il n'y eut plus rien de sacré, ces cercueils furent transportés à l'Arsenal et les corps jetés dans une fosse faite devant la petite porte de cette chapelle, dans l'église même. Les cercueils de pierre sont restés intacts. Il y en a eu quelques-uns de transportés ici du couvent de Saint-Nicolas-aux-Ondes, lorsqu'il fut consumé par les flammes.

P. 116. **(Le Monument de J. D. Schœpflin à St-Thomas.)** — Le médaillon est assez ressemblant et même parfaitement, ainsi que je vois maintenant par les moulures en plâtre que l'on peut avoir chez le sculpteur Malade, qui a fait le modèle pour ce médaillon, par pure curiosité et n'ayant vu qu'une seule fois Schœpflin dans la rue, et l'ayant bien saisi, dans l'intention de le sculpter, en ayant tant entendu parler.

— **(Hôtel de la Monnaie, ci-devant de l'Intendant)** en l'honneur duquel on avait bâti une terrasse sur la rivière, qui régnait dans toute la longueur du bâtiment, sur des piliers de bois. Elle fut démolie à peu près en 1770. On y a réuni, dès le temps des Intendants, deux autres petites maisons. La maison principale doit avoir été dans le commencement, pour les temps d'alors, une assez belle maison. On voit encore aujourd'hui les peintures en fresque dont elle était ornée.

Avant que la Monnaie fut transférée à la ci-devant Intendance, elle était à côté de l'auberge *à la place des Victoires*, rue de la Lanterne et traversait toute cette île de maisons, jusque dans la rue des Francs-Bourgeois.

La (plus ancienne) Monnaie de la ville était un petit bâtiment entre la Grand'rue et la Rue des Hallebardes, devant l'ancien Hôtel de ville. Ce petit bâtiment a été démoli en 1738 et la *pierre de honte* (*der Lasterstein*) qui y était appliquée et sur laquelle on exposait ceux qui n'avaient pas tout à fait mérité d'être exposés au carcan. On se servit à sa place de la marche inférieure du carcan appliqué contre le coin de la Maison de ville qui regardait la rue des Hallebardes, du côté du nord et, après la démolition de cette Maison de ville, au coin du *Neue Bau*, vers le marché aux Jardinages. Il y avait une horloge sur cette petite Monnaie, avec une figure automate, qui répondait aux coups de la cloche en ouvrant la bouche et frappant les coups. Le fondeur Edel l'acheta et la plaça dans sa cour.

P. 118. **(A propos du Herrenstall.)** — A côté était la cour où étaient autrefois les instruments de la torture, démolie en 17.... Les députés du Magistrat qui assistaient au dernier interrogatoire du criminel qui était fait dans cette tour, s'y rendaient en traversant l'écurie même. Et alors l'écuyer avait l'attention de retourner les chevaux, pour qu'ils ne tournassent pas le cul aux magistrats qui passaient. Ils avaient plutôt l'air de les saluer à la manière des éléphants du roi de Pégu.

P. 119. **(A propos de l'Hôtel du Lieutenant du Roi, rue Sainte-Elisabeth.)** — Depuis que la ville fut déchargée par Louis XVI de l'obligation de loger son Lieutenant, cet hôtel fut destiné pour le Prétorat, et c'est sous ce nom qu'on le voit figurer dans le plan de la ville, dressé en 178... Mais il ne fut jamais achevé. L'adjudicataire, l'architecte Nagel, qui l'avait entrepris à bas prix, devant se récupérer sur les casernes [1], dont le préteur lui procura la construction, trouvant qu'il ne faisait qu'y perdre, l'exécuta très mal. Le préteur Gérard qui avait manigancé tout cela mourut sur les entrefaites et la Révolution survint.

[1] On voit que les virements de fonds ne sont pas une invention moderne.

(A propos de l'église de Saint-Louis.) — Derrière Saint-Louis est un cul-de-sac dont l'emplacement attenant à l'hôpital bourgeois, et entre celui-ci et le jardin appartenant ci-devant à l'hôtel du Lieutenant du Roy, est detiné à une remise pour les fiacres. C'est là qu'on voit dans l'ancien mur une porte grillée, faite dans les temps postérieurs, au-dessus de laquelle il y avait le buste de Louis XIV, en grande perruque bouclée et allongée comme de coutume. En dedans il y a cette inscription : *Hos fructus peperit concordia Martis et Urbis.* Que peut-elle signifier ? Y avait-il peut-être ici une communication avec le rempart, au moyen d'un pont comme il y en avait jusque à peu près en 1780, entre le jardin du Lieutenant du Roy et le rempart ? Au-dessus de cette inscription sont des armes qui semblent avoir été celles de la ville, dégradées déjà avant le temps de l'iconoclastie jacobiniste.

Le dernier service se fit dans cette église le 1er janvier 1798 et peut-être encore le jour des Rois, par des fidèles attachés aux prêtres insermentés, dont la persécution avait recommencé. Par délibération de l'administration centrale du département du Bas-Rhin, du 11. brumaire VI, les orgues, autels, boiseries, tableaux et bancs furent mis à l'encan le 26. nivôse. Mais il recommença l'an 1800, le jour de l'Annonciation.

P. 123. **(A propos de l'Hôpital civil.)** — Les inscriptions au-dessus des deux portes furent raclées et biffées en 1794. A l'extrémité du bâtiment de l'hôpital qui touche le *Théâtre anatomique,* il y a un demi-globe irrégulier de pierre, muré près du coin. On a peint tout autour huit rayons branchus. Le peuple le donne pour la figure d'une araignée énorme. Il n'en existe aucune relation ni tradition. Il semble que c'est la représentation d'une loupe ou excroissance qu'avait eue un homme nourri à l'hôpital et que le peintre qui a barbouillé la façade a ajouté les ramifications à sa fantaisie. Voyez mon programme doctoral écrit à ce sujet en 1792.

— **(A propos du Cabinet des préparations anatomiques au Théâtre anatomique.)** — Ces préparations vinrent pour la plus plus grande partie du cabinet du prosecteur May. Dans ce cabinet il y avait aussi une collection de serpents et pareilles bêtes, conservées dans de l'esprit de vin. Les préparations de son successeur Hommel leur furent inférieures, et plus encore celles de Jacobi qui suivit.

Le Théâtre anatomique fut envahi en 1797. Longtemps l'Ecole de santé avait tenté de s'en mettre en possession, quoiqu'il ne fût pas bien national. Enfin, dans le moment même où le directeur Noël se donnait toutes les peines pour faire transférer cette école à Nancy et qu'il avait les plus grandes espérances d'y réussir, le professeur Flamant, plus méchant encore que Noël, se mit après le commissaire du Directoire exécutif, Barbier, *n. b.* Lorrain comme les deux autres, et obtint un ordre de l'administration départementale, renouvelée différentes fois à cette époque, qui enjoignit à la municipalité d'extrader le cabinet et les effets anatomiques. Le professeur Lauth s'y refusa et contesta la propriété à la commune. Il y eut pendant quelques jours trois ou quatre lettres écrites de part et d'autre. Enfin le 3 octobre 1797 ou le 12. vendémiaire, le commissaire de la Municipalité Hartschmidt avec Flamant, un garde de police et trois témoins s'y rendirent à 3 heures, et ne trouvant pas le professeur Lauth qui avait été invité, firent venir à 4 heures un serrurier qui, ne pouvant pas venir à bout d'ouvrir la serrure, brisa les gonds.

— **(A propos de la tour de l'Observatoire.)** — Autrefois il y avait une plateforme en haut. Le professeur Brackenhoffer obtint qu'elle fut couverte et la petite tourelle octogone élevée au milieu. Il y a (outre ceux mentionnés par Hautemer) plusieurs autres vieux instruments et modèles qui dépérissent dans un mauvais galetas où on les a mis. On n'aurait guère pu choisir une exposition plus avantageuse, mais la tour a le très grand inconvénient que l'on y sent les trémoussements excités par les voitures qui passent dessous, et que par conséquent on ne peut pas y établir de quadrant de muraille.

Tout près de cette tour, à un peu plus que deux de ses diamètres, il y en a une autre, moins haute, que la ville donne à des sergents de ville pour y loger, ainsi que les autres tours qui existaient autrefois et qui ont été démolies successivement. Mais pour quelle raison cette tour a-t-elle été construite si près de l'autre ? Autrefois il y avait aussi une autre tour, beaucoup moins haute, placée entre les deux rampes du rempart. Elle fut abattue entre 1760 et 1770.

P. 124. **(A propos de la rue Dauphine)**, autrefois rue des Bestiaux. Dans le temps du terrorisme de Robespierre, par délibération du corps municipal du 4. messidor, l'an II de la République, elle fut appelée rue Rousseau. Mais bientôt après on lui rendit son ancien nom de rue des Bestiaux.

P. 125. **(A propos de la vieille porte bastionnée à l'entrée de la rue Dauphine.)** — Elle était appelée la *porte creuse* (*das hohle Thor*). Ces tours n'étaient pas si grosses (que le dit Hautemer) et certainement elles n'étaient pas sur les côtés. Il y en avait une du côté de la rue et qui n'avait, pour ainsi dire, qu'un rez-de-chaussée, comme il y en a encore au-dessus de la porte extérieure d'aujourd'hui. Le passage de cette porte était toujours fort humide et sale. Le dessus, une espèce de rempart planté de gros noyers, était arrangé en jardin, cultivé pendant longtemps par un grand amateur de fleurs, M. Neubeck. Le premier jour de mai, ce jardin était ouvert à tout le monde.

P. 134. **(A propos de la Maison des Orphelins.)** — On faisait la quête pour cette maison les fêtes, et pour qu'on se ressouvînt des orphelins, leur inspecteur les conduisait chaque dimanche dans une des sept églises protestantes, au nombre de six filles et de six garçons. Ils portaient alors leur ancien habillement de cérémonie de drap cendré, à beaucoup de petits plis et à courte taille, les filles avec leur voile épais qui leur couvrait le menton jusque sur le nez, et les uns et les autres en chapeaux plats, en forme d'assiettes.

En tournant la Maison des Orphelins on arrive premièrement à l'atelier d'un habile artiste nommé Merlin. C'est lui qui, entre autres (choses) a fait la nouvelle balance à foin, où le chariot passe sur un plancher mobile. De là on a à droite le Jeu de Paume. Le nouveau se trouve bâti à côté du vieux qui sert de magasin. Il était exempt de l'impôt sur le vin. Ce privilège cessant par la Révolution et les circonstances rendant cette maison inutile, n'y ayant plus de seigneurs ni militaires, qui étaient à peu près les seules personnes qui jouassent au jeu de paume, le propriétaire Seiler fit démolir les bâtiments.

Plus loin, en tournant à droite de la Maison des Orphelins, est l'atelier et le magasin du sellier Günzrott [1], qui a aussi un cabinet de curiosités de la nature et de l'art, mais mal conservé et mal arrangé.

P. 139. **(A propos de l'Hospice des Enfants trouvés.)** — Lorsque dans la guerre de la Révolution cette maison, ainsi que la plus grande partie des bâtiments publics, fut convertie en hôpital militaire, les enfants trouvés furent transférés à la Commanderie de Saint-Jean, mais dénués de tous fonds, ils furent dans la plus grande misère. Tous ceux qui y entrèrent dans les années 1794 et 1795, périrent de misère avant la fin de l'année. En 1796 on mit pour ces enfants de putains, appelés aujourd'hui — par respect — enfants de la patrie, on mit, dis-je, en réquisition les minces restes du grenier de la fondation de Saint-Thomas, lequel ne pouvant rien fournir, ayant déjà été mis en réquisition pour les prisons, on en vint aux administrateurs de cette fondation et on m'extorqua aussi mon rézal de blé,

[1] Günzrott fils fut, on le sait, un des plus ardents Jacobins de Strasbourg, pendant la Révolution.

moi, à qui on n'avait laissé que très peu pour vivre. Peu de jours après, le commissaire-adjoint de mon quartier se présenta chez moi avec deux de ces enfants, fruit de l'immoralité la plus effrénée, favorisée par le gouvernement — pour quêter ! Je leur donnai dix louis d'or en assignats, intérêts d'un capital que l'honnête débiteur m'avait payé quelques mois auparavant, et lesquels, en sa qualité d'aubergiste, il avait eus pour trois ou quatre bouteilles de vin.

P. 140. **(A propos du cloître de Saint-Jean-aux-Ondes.)** — [Bâti dans un canton dit la Korbau] qui doit avoir été continué jusqu'à l'endroit où est aujourd'hui le cimetière, en deça de la chaussée, appelée communément *Kurwagen*, que les puristes, qui ont voulu réduire ce nom à sa vraie origine, ont mal à propos, à ce qu'il paraît, converti en Saint-Urbain.

P. 141. **(A propos de l'incendie du couvent de Saint-Nicolas-aux-Ondes en 1691.)** — Le préfet ou pédagogue de Saint-Guillaume, déjà transféré aux Dominicains, en voyant de son grenier ou du petit clocher de son église, brûler ce bâtiment, dit à sa jeunesse : *En mirum ! mediis ardet Nicolaiis in undis !*

6

— (A propos du Jardin botanique) „fort riche" dit Hautemer. Hermann met en note: „Hélas, il ne l'est plus!" Puis il continue, se rattachant à ce que le chanoine avait dit de la disposition des plantes sous la surveillance du professeur Spielmann: „Son successeur[1] a adopté tout à fait le système de Linné, en conservant cependant les classes naturelles et s'accommodant davantage au naturel des plantes et à leur génie, ne prétendant pas forcer celles qui demandent de l'ombre et de l'humidité, à venir dans les parterres à toute l'ardeur du soleil.

Le jardin possédait aussi une maison octogone vitrée, avec un escalier en dedans, dans laquelle ont été poussés successivement une demi-douzaine d'agaves et d'aloès d'Amérique. Elle était conservée au magasin de la ville nommé Luxhoff, lorsque, dans la régénération de la France, on établit le beau principe que les villes ne devaient rien avoir en propre, tout ce qu'il y avait dans ce magasin fut vendu. Je recommandai à plusieurs reprises cette maison à l'administration mu-

[1] Il s'agit de Hermann lui-même.

nicipale pour qu'on y prît bien garde. Si j'avais sçu où la mettre et que j'eusse eu de l'argent, je l'aurais transportée. On me promit qu'on en aurait soin. Je n'eus aucune connaissance de la vente. Il n'y avait que des coquins ou des pleutres à l'administration municipale. La maison qui, en son temps, avait coûté au moins cinquante louis d'or, fut vendue et sans doute quelque jardinier l'a achetée pour s'en servir sur des couches à fumiers et en a payé une misère en papier. Vive une pareille régénération !

Voyez les deux programmes de M. Spielmann et un troisième de moi sur l'histoire de ce jardin.

(Le Magistrat accordait) 600 francs, au moyen desquels il faut faire les réparations ordinaires du bâtiment. Avant que cette somme annuelle fut accordée du temps de Régemorte, je crois, les ateliers de la ville étaient chargés de toutes les réparations, et pour être bien servi, le Jardin faisait des étrennes aux architectes qui présidaient à ces ateliers. Les autres revenus du jardin consistaient : 1° en douze francs par an, tirés du trésor de la commune, à titre d'intérêt d'un capital de cent écus légué par l'ammeistre Frœreisen. 2° dans les rétributions des auditeurs pour la démonstration, qui était de six francs. Le nombre des auditeurs, dans les dernières années avant la Révolution, allait de 50 à 70. 3° dans trente francs que payait chaque candidat en médecine étranger pour la dispensation de la première soutenance, sous présidence, à laquelle les Strasbourgeois devaient se soumettre. Cela pouvait aller, année commune, à cent écus. Ce fut le professeur Spielmann qui obtint du préteur Régemorte l'établissement de cette rente. 4° dans six francs que payait chaque récipiendaire lors de la collation du grade. Ces quatre articles constituaient les rentes du fisc du Jardin, dont le professeur rendait compte chaque année au Sénat académique. Et avec d'aussi minces moyens le Jardin était bien plus florissant que lorsque la Nation l'eut attaché à l'École de médecine républicaine. C'est que les professeurs étaient des patriotes à l'allemande et non pas à la française !

Le préteur Gérard, à son retour d'Amérique, avait fait venir deux caisses, l'une avec des glands de différentes espèces et d'autres arbres, l'autre remplie d'autres graines. Spielmann avait fait faire exprès une couche pour les y semer et pendant qu'elles levèrent, il mourut. Aussi n'en leva-t-il pas beaucoup, et je n'ai eu aucune plante nouvelle de ces prétendues richesses qu'un *triosteum* qui a été perdu depuis et la *Spigelia marylandica*. Tous les chênes et autres arbres qui avaient supérieurement bien réussi, quoiqu'ils eussent germé et poussé déjà très fortement dans les caisses, entre la mousse, ont été détruits par les vers blancs des hannetons, qui, pendant deux années consécutives, avaient multiplié prodigieusement. M. Gérard avait fait le calcul que le Jardin devait lui élever ces plantes et serait sa pépinière pour le jardin de sa campagne, la Cour d'Angleterre, et il crut malgré ces désastres, que le Jardin devait lui fournir les arbres dont il avait besoin. Il prétendit nous enlever ce qui était à sa convenance. Mais je tins bon et je me libérai, en lui abandonnant nos ananas, au nombre d'une centaine, que Spielmann avait introduits et que je jugeai n'être qu'un luxe inutile.

P. 143. **(A propos de l'église Saint-Guillaume.)** — Cette église ayant été bâtie en son temps hors de l'enceinte de la ville, et rien n'en devant gêner le plan, on ne peut pas concevoir quelle peut avoir été la raison qui a engagé à bâtir cette église non pas en carré, mais avec un angle aigu qui donne au bâtiment et surtout à son toit, un air aussi singulier. Si le côté méridional a été déterminé dans sa direction par celle de la rue (quoique jusqu'en 1760 à peu près, c'eut été une ruelle très étroite, couverte en partie par le haut et un vrai coupe-gorge) qu'est-ce qui a empêché de changer un tant soit peu la direction de la façade qui regarde le couchant?

P. 145. **(Environs agréables de Strasbourg.)** — Hautemer parle des jardins de plaisance, etc. Hermann ajoute: Et même ces jardins, maisons de campagne, et la promenade appelée Contades ayant été détruits en 1793, en automne, lorsque l'ennemi approchait, les environs, regardés du haut de la tour (de la Cathédrale) ne laissaient pas de présenter encore un aspect riant et varié. C'est la fécondité du sol et les eaux courantes nombreuses qui produisent cet effet, le long desquelles il y a des saules, des aulnes, des peupliers;

les petites élévations, les prés qui alternent avec les champs cultivés et les jardins et les Vosges d'un côté, la Forêt-Noire de l'autre, qui bornent l'horizon.

P. 146. **(La Robertsau.)** — La *Ruperts-Aue,* c'est-à-dire la plaine du Rupert, elle-même est un vaste village dont les maisons ne se touchent nulle part mais sont éparpillées et entourées ordinairement de leurs terres labourables ou prés. Il y a beaucoup de chemins entourés de haies, à peu près comme en Angleterre, avec des portes et des échappées qui conduisent sur les chemins latéraux et les sentiers, qui offrent une grande variété de promenades agréables à ceux qui préfèrent les beautés de la nature et les promenades isolées aux promenades fréquentées. Ichtersheim (*Topogr. Alsat.* p. 47) ne prend pas la Ruperlsau pour un village mais pour une île parsemée de beaucoup de métairies et de biens de campagne. Il y a effectivement beaucoup de maisons de campagne, qui seraient plus agréables encore si le terrain n'était pas trop plat et que les cousins fussent moins incommodes. Les habitants font partie de la commune de Strasbourg, comme avant la Révolution ils en étaient bourgeois.

Elle (la Robertsau) est décrite, en partie très faussement, dans les *Soirées helvétiennes et alsaciennes*, Amsterdam, 1771, p. 63. (Suit le passage souvent cité du marquis de Pezay, sur les charmes des cabarets et des accortes visiteuses qui font de ce coin de la banlieue strasbourgeoise un „paradis terrestre".) Le bon professeur ajoute à ce passage: „Oh, le jeune Français libertin!" [1]

— **(Projet d'un Vauxhall sur les glacis entre les jardins du Contades et les remparts)** — Le préteur d'Autigny avait conçu l'idée d'établir sur la place vide qui restait entre cette promenade et les jardins attenant aux glacis, un Vauxhall qui n'aurait pas coûté moins d'un million, d'après le modèle qu'il en a fait exécuter, qui lui a coûté cent louis et dont, à son départ, il fit présent à l'Université qui le mit dans son auditoire de la faculté de jurisprudence, destiné depuis à un cabi-

[1] On peut voir sur Pezay mon étude (*Un touriste parisien en Alsace au XVIIIe siècle*) dans la *Revue d'Alsace*, 1876.

net de modèles. Elle le fit recouvrir d'un couvercle qui s'élève au moyen d'un contrepoids; ce fut sous mon rectorat que cela fut fait et le soin de le faire exécuter me fut confié. Pendant la Révolution, le bedeau de l'Université, qui en avait les clés, laissa entrer souvent des polissons tout seuls (ainsi que je l'ai appris de l'un d'eux) et le tout fut indignement dégradé.

P. 147. **(A propos de l'Arbre vert de la Robertsau.)** — Il y a de pareils arbres dans presque tous les endroits un peu considérables, quoique moins ornés. À Marlenheim, il y en a un dont les piliers sont en pierre. La charpente (de celui de la Robertsau) fut renouvelée pour la dernière fois dans le même temps que les arbres de la promenade furent plantés. Elle coûta à peu près 600 livres. Il s'y fit au commencement quelques parties de plaisir, on y dansa, quoique très rarement. Aussi bien le plafond était-il trop bas pour la danse. Il y avait un escalier fermé. Entre les planches et le plafond, il y avait un treillage de huit croisées, contre lesquelles les branches étaient dressées; elles avaient pris avec le temps cette courbure, quoique devenues très fortes. Il faut être Français de la trempe dont il y en a un grand nombre pour dire ce qui en est rapporté dans les *Soirées helvétiennes, alsaciennes et franc-comtoises*. — (Suit une nouvelle citation de M. de Pezay sur ce „théâtre des scènes les plus naïves, rendez-vous des amours les plus tendres". Hermann clôt la citation par cette réflexion: „Oh le beau rêve! La porte de l'escalier a presque toujours été fermée. La hauteur de la galerie n'était que de six pieds et par conséquent assez incommode. C'est encore de la dernière fausseté, ce qui est dit que les Juives y vendent des croquets. Jamais on ne voit Juive rien faire hors de son ménage, tout au plus tricoter à la porte de sa maison.")

— **(L'emplacement du tir des Arquebusiers et le Contades.)** — J'ai connu six différentes formes à cet emplacement. Dans le XVIIe siècle il semble avoir encore eu une autre face. Dans les quatre estampes d'Aubry[1] le printemps est représenté par notre Arbre vert, ou je ne m'y reconnais pas.

---

[1] Les Quatre Saisons, représentant quatre différentes vues de la ville et des environs.

1. Ce fut la plaine des Arquebusiers (*Schiessrain*) inégale et remplie de fossés, semée de chardons et de chaussetrappes. Au milieu une grande maison, qui fut le cabaret et le lieu d'assemblée des tireurs. En bas une grande salle pour la danse, où étaient suspendues tout autour les cibles ou les planches rondes et peintes de différentes devises, qui avaient servi à tirer au blanc. A gauche, vers le couchant, était attenante une boulangerie où l'on vendait des brioches, et un grand tilleul devant, où les enfants s'amusaient. Devant la maison, et dans le coin de l'aile, vers le midi, il y avait un carrousel où l'on tirait à l'anneau. A droite, vers le levant, était le fameux arbre vert (un autre que celui de la Robertsau) dont deux étages de branches étendues horizontalement, couvertes de planches, et les inférieures soutenues par des piliers et retournées en haut pour former par leurs interstices des fenêtres, offraient une salle de verdure octogone, où quelquefois on faisait des parties de plaisir. Vers le nord une fontaine à bassin octogone, qui autrefois donnait de l'eau, les jours de grande fête des tireurs, l'eau étant portée à bras d'homme sur le grenier du cabaret, ainsi

que je l'ai appris d'un homme très âgé qui, dans sa première jeunesse déjà, avait été de la Société des arquebusiers. A quelques pas de là une petite table de pierre, sous un toit porté par quatre piliers, assez semblable à un *travail* de maréchal, et servant autrefois à je ne sais pas quel usage. Tout cela enfermé avec une haie de planches et des tourniquets et ombragé par des noyers respectables. Au dehors de l'enclos étaient de petites huttes de planches où se mettait celui qui tirait. Les murs contre lesquels on appliquait la planche ronde (*die Schiessscheibe*) étaient à deux différentes distances : la longue butte et la courte. Un autre petit mur à côté, et un peu en avant, derrière lequel se cachait le marqueur.

Quel vieux bâtiment pouvait-il y avoir eu autrefois ici ? Lorsqu'en l'an VII la nouvelle promenade fut établie, il fallut faire sauter une partie du mur de l'ancienne maison des arquebusiers. A l'endroit où le corps de logis et une aile faisaient un angle rentrant, il y avait un perron dont le fondement, profond de.... pieds, était d'une dureté comme on n'avait encore rien trouvé. Il fallut faire sauter ce mur avec de la poudre à canon. J'en conserve des échantillons.

2. Lors du premier établissement de la promenade, l'an 1764, les murs à tirer furent transférés plus à droite vers la rivière et un petit corridor pour les tireurs fut construit derrière le jardin Grauel et à son nord.

3. La compagnie des arquebusiers étant supprimée en 17...., tout cet emplacement, dont le pourtour avait déjà été garni d'arbres, fut employé pour agrandir la promenade.

4. En 179.... on élagua la promenade, en abattant alternativement un arbre.

5. En 1793, en automne, tous les arbres furent coupés à cause de l'approche de l'ennemi, la maison rasée, ainsi que toutes les autres, jusqu'à la distance de.... toises des glacis. Des batteries furent dressées en différents endroits, entre autres aussi sur la glacière à l'extrémité de l'allée parallèle à l'Ill, appartenant au jardin Pasquay, ci-devant jardin du gouverneur.

6. En 179... l'administration municipale se fit présenter différents plans des-

quels le citoyen Schmid, ingénieur de la commune, en composa un, qui fut adopté. Mais différents auxquels on avait loué le terrain pour le cultiver, remuèrent ciel et terre pour l'empêcher, en gagnant l'administration départementale. Mais l'administration municipale se faisant forte de l'invitation du ministre de l'intérieur de planter le plus d'arbres possible, et s'étant adressée de nouveau à lui, obtint l'autorisation définitive de l'exécuter. Le plan fut exécuté avec vigueur au commencement de l'an 1799 (ventôse an VII). Il est représenté en caractères mobiles par l'imprimeur Dannbach. La chaussée passait autrefois par le milieu de la promenade d'aujourd'hui et sa partie à gauche était encore une place abandonnée. Maintenant la chaussée se trouve entre l'ancienne chaussée et le glacis, sur lequel il y a des jardins de particuliers.

J'ai mesuré la circonférence de cette promenade, y compris la pépinière, et je l'ai trouvé de 1700 pas, que j'ai faits dans l'espace de vingt minutes. En hiver l'an VIII, les trois grands parterres indiqués dans le plan, qui entrecoupaient la grande allée du milieu, furent enlevés, parce qu'ils faisaient mauvais effet.

P. 148. **(La Constitution de la ville libre royale de Strasbourg.)** — Le gouvernement de la ville de Strasbourg n'a jamais été bien représenté ; il l'est surtout d'une manière ridiculement fausse dans Piganiol de la Force. [1]

Lorsque la traduction de la *Géographie* de Buesching, dans l'original allemand de laquelle il s'en trouve une description des plus fausses, fut imprimée par Treuttel, mon frère Jean-Frédéric Hermann, qui était alors secrétaire de la Chambre des XV (1788, une année avant la Révolution) la rédigea de la manière suivante. (Ceci est copié de la feuille d'épreuve que mon frère conserve encore lui-même, et laquelle, d'après la copie conservée aux archives n° 71, V. C. G. corp. F. lad. 34, fasicul. 54, a éprouvé des délais fatigants de la part de l'un des censeurs, membre de la Chambre des Treize.)

---

[1] Il existe des résumés de la Constitution de la ville libre de Strasbourg à la douzaine. Une étude de détail, expliquant minutieusement tous ces rouages compliqués, manque encore toujours. Le récit d'un homme qui a *vécu* dans ce microcosme, disparu en 1789, n'est pas sans valeur ; c'est la déposition d'un témoin.

Cette ville après avoir éprouvé différentes révolutions parvint à un rang distingué parmi les villes libres immédiates de l'Empire. En 1681 elle se soumit à Louis XIV. Mais en reconnaisant la souveraineté du roi de France, elle conserva par sa capitulation l'exercice public de la Confession d'Augsbourg, son université et sa constitution. L'Empereur et l'Empire cédèrent leurs droits par le traité de Ryswick. Le Magistrat a l'admistration des revenus de la ville, il exerce la police et la juridiction, tant civile que criminelle. Autrefois il n'était composé que de personnes qui suivaient la confession d'Augsbourg, mais les catholiques y furent introduits en 1685 et l'alternative s'y observe tant pour le remplacement des membres du Magistrat que pour celui des officiers et employés qui sont au service de la ville. (Et dans ces temps on attira dans le magistrat, faute d'autres, quelquefois les sujets les plus abjects, jusque du Sundgau, pourvu qu'ils fussent de la religion dominante. Et dans la suite le gouvernement et son agent, le préteur, furent intéressés à se donner toutes les peines pour n'y faire placer que des personnes qui leur fussent dévouées et leurs âmes damnées. — Ajouté par moi.)

Depuis le quatorzième siècle le Magistrat est composé, partie de nobles, partie de plébéiens. Ceux-ci y occupent les deux tiers des places. Pour y être reçus, les nobles doivent avoir le droit de bourgeoisie et être immatriculés au Directoire de la Noblesse de la Basse-Alsace. Les plébéiens ne peuvent être pris que du corps des trois cents échevins de la ville, toute la bourgeoisie plébéienne étant distribuée en vingt *tribus* dont chacune a un collège de quinze notables ou échevins, qui, sous la confirmation du Magistrat, et sous la présidence d'un de ses membres perpétuels, directeur de la *tribu*, faisant nombre avec les autres échevins, se régénère lui-même et gère les affaires particulières de la tribu. (Avant la réunion de la ville à la France, ces trois cents échevins, ensemble avec les nobles qui avaient déjà siégé ou siégeaient dans le Grand et le Petit Sénat, étaient les véritables Représentants de Strasbourg et c'était à eux que le Magistrat référait dans les affaires importantes, non encore décidées par des lois ou règlements antérieurs ou nommément réservés à leur décision. — Addition faite à la feuille des Archives.)

Les places au Magistrat sont de deux espèces. Il y en a qui sont à vie; d'autres ne sont occupées par leurs titulaires que pendant deux ans. Tout le Magistrat, assemblé en corps, est appelé *le Sénat et les Vingt-et-Un* (*die Herren Raeth und Einundzwanzig*). C'est qu'anciennement le Sénat, seul et unique Magistrat de la ville, consultait dans les affaires importantes un corps d'anciens assesseurs ou autres gens éclairés, qui portaient le nom de *Vingt-et-un*, quoique leur nombre n'ait pas toujours été le même. Au quinzième siècle ils furent incorporés au Sénat, pour administrer, conjointement avec lui, toutes les affaires, à l'exception de la juridiction criminelle et civile, proprement ainsi nommée, qui fut réservée au Sénat; en même temps que quelques branches de l'administration publique furent confiées particulièrement à d'autres collèges. Dans cette assemblée générale du Magistrat tous les membres qui ne sont pas du Sénat gardent leurs places à vie. C'est là que les ordonnances et règlements généraux reçoivent leur sanction, qu'entre autres se traitent les affaires consistoriales réservées au Magistrat sur ses justiciables de la Confession d'Augsbourg, et que sont portées les affaires graciables. C'est aussi elle qui accorde les décrets d'aliéner, soit les domaines de la ville, soit les terres ou revenus des fondations, si le cas y échet. C'est encore là que se rendent les comptes des revenus et des dépenses de la ville, que se font les élections des membres de la magistrature perpétuelle, ainsi que des principaux officiers et employés de la ville, à l'exception de quelques-uns dont la nomination appartient aux chambres particulières.

Les autres principaux collèges du Magistrat sont, outre le Sénat déjà mentionné, la Chambre du Conseil intime des XIII et celui des XV. Le Sénat par éminence ou Grand Sénat exerce depuis un temps immémorial la juridiction civile et criminelle. Il est composé de trente et une personnes, parmi lesquelles il y a dix nobles, qui y siègent en qualité de sénateurs pendant deux ans, mais qui n'en peuvent pas moins être membres de la Magistrature perpétuelle et assesseurs, soit de la Chambre des XIII, soit de celle des XV. Quatre de ces nobles sont revêtus de la dignité de *stettmeistre*, les six autres sont simples sénateurs et portent le titre de *constoflers*. Ils sont élus par le Grand Sénat lui-même. (Ceci est omis dans l'exemplaire des Archives [1].) Les sénateurs plébéiens sont au nombre de vingt, ayant à leur tête un consul ou *ammeistre* qu'ils élisent au commencement de chaque année.

De deux années l'une chaque tribu fournit un sénateur du corps de ses échevins, puisque les plébéiens restent en exercice le même temps que les assesseurs nobles et que chaque année la moitié en est relevée par d'autres. (Ici un petit changement [1].) Les quatre stettmeistres et l'ammeistre régent président au Sénat, les premiers alternativement par quartiers, l'autre pendant toute l'année de sa régence. L'ammeistre convoque le Magistrat, propose les affaires, et donne le premier son suffrage. Le stettmeistre recueille les voix et décide en cas de parité. Son nom paraît aussi à la tête des

[1] Note de Hermann, comme d'ailleurs tous les textes entre parenthèses.

ordonnances et autres actes publics. Il est le gardien des sceaux. Les stettmeistres sont en tout au nombre de six (changé comme suit : Les deux qui dans l'année ne siègent pas au Grand Sénat y rentrent au commencement de l'année subséquente et relèvent deux de leurs collègues, qui sortent après deux années d'exercice. Ils n'y entrent cependant que par voie d'élection, attendu qu'au commencement de chaque année et au renouvellement du Sénat, l'ancien Sénat élit les nouveaux sénateurs nobles, dans les nouveaux stettmeistres, même les deux anciens pour l'ordre de la présidence, que les trois *constoflers* pour remplacer ceux des nobles qui sortent du Sénat [1]), desquels il y a toujours deux qui ne sont pas du Grand Sénat. Quant aux ammeistres leur nombre n'est pas fixé par la loi, le régent n'occupant sa place que pendant un an, et y ayant chaque fois une nouvelle élection, et chaque échevin étant éligible, tandis que celui qui sort de régence n'y peut rentrer qu'à la sixième année. Mais comme il n'est guère d'usage de passer

---

[1] J'avoue ne pas bien comprendre cette note de Hermann.

un ancien ammeistre, lorsque son tour est revenu, quoique l'élection se fasse toujours avec beaucoup de formalités, on n'en voit plus au delà de six. (Addition d'après l'exemplaire des Archives : Mais le nombre en est souvent moindre, attendu que les places vacantes ne sont remplies que lorsqu'un ammeistre défunt ou résignataire pouvait rentrer en régence. Il est même nécessaire qu'il y ait au moins deux ammeistres, l'un régent, l'autre pour siéger dans les chambres de juridiction déléguée, telles que le Petit Sénat, la Police et la Chambre matrimoniale, soit pour vicarier pour l'ammeistre régent.) Tout ammeistre, du moment qu'il est nommé à cette dignité, devient membre de la magistrature perpétuelle et si, lors de son élection, il n'y a pas de place vacante à la Chambre des XIII, de celles qui sont destinées aux ammeistres, non compris le régent, il est du moins compté au nombre des XXI, et siège dans ladite Chambre quoiqu'il n'en soit pas encore titulaire. Mais il ne peut pas siéger à la Chambre des XV, et un assesseur de cette Chambre élu à la place d'ammeistre perd par l'élection même celle de Quinze.

L'ammeistre régent peut recevoir toutes les causes en première instance; il décide les moindres et si sa juridiction n'est pas prorogée, il renvoie aux différents départements les affaires dont la connaissance ne lui appartient pas; mais dans les cas pressants, et s'il y échet, il peut prononcer provisoirement et sommairement sur toutes les causes.

Le Grand Sénat est le premier juge de la ville. Au criminel il prononce en dernier ressort. Au civil ses sentences sont sujettes à l'appel, soit à la Chambre d'appel établie au Magistrat, soit au Conseil Souverain d'Alsace. Tous les procès s'y traitent par écrit, d'après les formes établies à la Chambre Impériale de Wetzlar. Les jugements se rendent sur l'avis et le rapport d'avocats-généraux, qui portent aussi la parole à l'assemblée gérale du Magistrat, à la Chambre des XIII et aux trois Chambres secrètes dont il sera fait mention ci-après. Pour décharger le Sénat d'une partie des affaires il a été délégué un Petit Sénat, qui est à la nomination du Grand. Il est composé de 23 assesseurs, dont six nobles et seize conseillers plébéiens, aussi tirés du corps des échevins. L'ammeistre qui sort de régence complète le nombre et y entre aussi de droit. Il y préside alternativement, et par quartier, avec trois des conseillers nobles. Il n'y reste que pendant un an, les autres membres y siègent deux années et sont renouvelés tous les ans par moitié. Sa compétence ne va que jusqu'à la somme principale de 1000 livres et l'appel en ressortit à la Chambre d'appel du Magistrat. Il connaît aussi de différentes autres matières déterminées par les règlements, notamment des servitudes réelles et des demandes d'époux en séparation de biens. La Chambre ou le Conseil intime des XIII est composée de quatre nobles qui sont aujourd'hui en même temps stettmeistres, sans que cependant cela soit de nécessité absolue, de tous les ammeistres et de quatre autres magistrats.

Tous les échevins peuvent aspirer à ces quatre dernières places. (Mais il est d'usage de n'y nommer que des assesseurs de la Chambre des Quinze, ou d'anciens officiers de la ville qui se sont distingués par leur service.) Le stettmeistre et l'ammeistre régents président à cette Chambre, quand même ils n'en sont pas encore assesseurs ordinaires. Anciennement, et avant la soumission de la ville à la couronne de France, ce conseil avait le département de la guerre et celui des affaires étrangères, et encore aujourd'hui c'est cette Chambre qui traite les affaires majeures, soit avec la cour, les commandants et les intendants de la province, soit avec les cours voisines. Mais elle doit en communiquer avec tout le Magistrat, à moins que la nature des affaires ne demande le secret. Sous un autre rapport, ce conseil est une chambre d'appel tant du Grand que du Petit Sénat. Il a obtenu autrefois cette prérogative des empereurs, qui, jusqu'à la concurrence d'une certaine somme, l'ont établie comme telle sous le titre de Chambre impériale déléguée pour épargner aux Strasbourgeois les délais et frais qui accompagnent les appels aux tribunaux suprêmes de l'Empire. La capitulation lui a conservé cette juridiction. Elle juge en dernier ressort jusqu'à la somme de mille livres et par provision jusqu'à celle de deux mille. Cependant lorsque l'objet de la contestation passe la somme pour laquelle elle juge en dernier ressort, on peut interjeter appel des sentences du Grand Sénat en droiture au Conseil souverain d'Alsace et outrepasser ainsi la Chambre d'appel du Magistrat.

La Chambre ou Conseil intime des XV est composée de quatre nobles (H. avait d'abord écrit *cinq*, puis biffé ce mot), dont d'après l'usage deux sont stettmeistres, et de dix plébéiens. Elle a été établie pour veiller à la conduite publique des échevins, des magistrats et des employés de la ville, ainsi que des directeurs et receveurs des fondations, au maintien de la constitution, à l'exécution des statuts et règlements, et pour aviser à tous les moyens de la prospérité publique. Elle a surtout le soin des domaines de la ville et de différents objets de commerce et de finance. La police des arts et métiers lui est particulièrement confiée. C'est à elle que ressortissent les appels des sentences des maîtrises et justices tributaires, qui connaissent des affaires des métiers en première instance. Les jugements sont en dernière instance et sans appel.

Tous les assesseurs de la Chambre des XIII et de celle des XV sont en même temps, et de plein droit, assesseurs du Grand-Conseil appelé le Sénat, les XXI, et en cette qualité ils devraient être appelés Vingt-et-Un. Mais on les désigne plutôt par le nombre de la Chambre à laquelle ils appartiennent en particulier, et les stettmeistres et les ammeistres par le nom de leur dignité. Le Magistrat perpétuel est fixé au nombre de trente-deux personnes, qui, hormis les cas extraordinaires, ne doit pas être outrepassé. Ceux-ci peuvent se présenter à cause de l'alternative de la religion et les règles qu'il y a à observer dans l'élection des ammeistres. Pour remplir ledit nombre, auquel la Chambre des XIII et des XV ne suffit pas, on élit encore quelques autres magistrats, tant nobles que plébéiens, en proportion des places que chaque ordre doit occuper. Ils portent le titre de Vingt-et-Un par éminence et il est d'usage de les faire passer, en cas de vacance, dans l'un des deux autres conseils intimes, et d'ordinaire dans celui des Quinze. De tout ceci il résulte que tout le corps de la magistrature faisant le Grand-Conseil consiste de cinquante-cinq personnes et que, le cas échéant, il peut être de cinquante-huit membres.

Tous les Magistrats perpétuels, réunis sans le concours du Grand Sénat, composent ce qu'on appelle les trois Chambres secrètes, quoique les Vingt-et-Un, simplement ainsi nommés, ne fassent pas un collège particulier. Ces trois Chambres soignent surtout la dépense publique et en arrêtent les états. Elles règlent les appointements, accordent des pensions, ordonnent les constructions publiques, en ratifient les adjudications, et prennent connaissance des grands intérêts de l'administration publique.

Un commissaire du Roi, sous le nom de Préteur royal, préside à toutes les assemblées du Magistrat, et il peut entrer dans toutes les Chambres. Il est chargé de veiller tant aux intérêts du Roi qu'à ceux de la ville et de l'Université protestante. La place était estimée valoir 17,000 livres. Le préteur Klinglin, de friponne mémoire, l'a su faire valoir mieux. C'est plutôt la lettre du ministre de Voyer d'Argenson, datée de Versailles, du 28 juin 1752, qui, dans l'article 21, dit que les émoluments du préteur royal demeureront fixés à 17,000 livres, sans y comprendre les fournitures en grains, bois, denrées et logement, dont la quantité sera cependant fixée dans l'état général des dépenses de la ville.

Par le 22e article de la même lettre, l'office de Syndic, dont les fonctions avaient été suspendues, a été rétabli et ses appointements fixés à la somme de 7000 livres. Mais cette place fut supprimée de nouveau en 17...

La ville avait autrefois aussi des Comtes Palatins qui, au nom de l'Empereur, pouvaient créer des notaires et légitimer des bâtards. Ils subsistèrent jusqu'à ce qu'ils fussent supprimés par un arrêt du Conseil d'État du 31 mars 1704. Dans tout cet intervalle ils ont fait 55 légitimations et 35 créations de notaires.

P. 154. **(A propos des vingt tribus d'arts et métiers.)** — Les maisons des tribus (*Zunftstuben*) avaient probablement autrefois toutes dans leur rez-de-chaussée une grande place enfermée d'une balustrade, comme j'en ai vu encore dans quelques-unes, l'ancienne tribu du Miroir, des Tonneliers, des Échasses. Elle servait pour la danse, à la célébration des noces. Successivement ces emplacements furent changés en cafés ou auberges. Le bedeau de la tribu avait aussi une demeure dans ce bâtiment.

Elles furent vendues successivement après la Révolution, et comme un jour on pourrait ignorer où elles étaient situées, voici où elles se trouvaient:

La première, celle des Bateliers, ou à l'Ancre, au quai du Corbeau ou des Bateliers, n° 42, au coin de la petite rue ou cul-de-sac de l'Ancre.

La seconde, celle des Marchands, ou au Miroir, rue des Serruriers, occupant tout un côté de la rue du Miroir.

La troisième, celle des Bouchers, ou à la Fleur, quartier des Bouchers, ou Metzgergiessen, entre la porte de l'Hôpital et celle des Bouchers; après avoir été vendue elle fut appelée la Cour du bétail (*Viehhof*).

La quatrième, celle des Cabaretiers ou des Francbourgeois, rue appelée des Francbourgeois.

La cinquième, celle des Drapiers, entre la ruelle du Savon et la rue des Drapiers. Une partie de son enclos est occupée par le petit théâtre destiné à la comédie allemande. Le préteur Klinglin l'a fait bâtir pour y faire jouer l'Opéra. Il y a un passage.

La sixième, celle des Meuniers et chirurgiens ou à la Lanterne, fait le coin des maisons vis-à-vis les Grandes-Arcades au Vieux-Marché-aux-Blés.

La septième, celle des Vendeurs de saline et cordiers, ou à la Moresse, au Marché-aux-Poissons, à droite, vis-à-vis le puits.

La huitième, celle des Orfèvres, ou aux Échasses, rue du Dôme, n° 23; il y a encore deux petites maisons entre cette tribu et la rue aux Échasses. La Révolution en fit une brasserie. Sa façade fut reconstruite en pierre de taille, en 1797. Au lieu des échasses ou béquilles qui auparavant étaient ses enseignes, le propriétaire y substitua une bergeronnette, qui en allemand porte aussi le nom de *Stelze*. En temps de foire, les vitriers de Bohême vendaient leurs verres dans la grande place occupant tout le rez-de-chaussée et qui autrefois servait à la danse. En 1798 un pâtissier l'arrangea encore à neuf.

La neuvième, celle des Boulangers, au haut de la rue du Dôme, près de la Cathédrale.

La dixième, celle des Pelletiers, au bas du Vieux-Marché-aux-Blés. Il y a passage.

La onzième, celle des Tonneliers, à côté de l'Esprit et faisant le coin de la ruelle de l'Esprit.

La douzième, celle des Tanneurs, devant celle des Drapiers, faisant pareillement un passage. En 1798, les bâtiments entre les cours des deux tribus furent démolis et un passage établi dans ce quartier très mal percé.

La treizième, celle des Gourmets, dans la rue de la Nuée-Bleue.

La quatorzième, celle des Tailleurs, entre la rue Brûlée et le fossé de la promenade appelée le Broglie.

La quinzième, celle des Maréchaux, Grand'rue à gauche, en sortant.

La seizième, celle des Cordonniers, rue des Cordonniers.

La dix-septième, celle des Pêcheurs, quai des Bateliers, n° 38.

La dix-huitième, celle des Charpentiers, rue des Juifs.

La dix-neuvième, celle des Jardiniers, dans le Faubourg-Blanc, appelée *unter Wagnern*, était la principale, et c'était à celle-ci que l'ammeistre faisait sa visite. Les jardiniers des autres tribus, au faubourg de Pierres et à la Krautenau, qui en étaient comme des annexes, se rendaient ce jour-là à cette tribu-mère.

La vingtième, celle des Maçons, rue des Juifs.

La plupart de ces tribus ou plutôt les maisons qui leur étaient attachées (*Zunftstuben*) étaient des maisons assez vastes et ont été louées en partie à des aubergistes, cafetiers, etc. Il ne faut pas les confondre avec l'auberge ou le manoir des garçons du métier. C'est ainsi que les boulangers avaient le leur (*die Bäckerherberge*) dans la rue des Chandelles.

P. 162. **(A propos du serment de la bourgeoisie)**, *Strassburger Schwoertag*, marqué dans l'Almanach par trois mains à deux doigts élevés. Les garçons charpentiers, peut-être aussi ceux d'autres métiers, s'y rendaient bien ornés, avec leur équerre garnie de rubans, surmontée d'un citron parsemé de clous de girofle, etc. au gré de leurs amantes. Les trompettes et les timbales se faisaient entendre du balcon de la cantine de la ville, nommée *Falkenkeller* et placée entre le *Fronhoff* et la *Corduansgasse*. Il y avait une estrade de pierre entourée d'un grillage, appelée *auf der Graete*, sous laquelle était la cuisine

la garnison. L'an II de la République, ou 1793, on fit un dénombrement, et on trouva entre 44 et 45,000. Dans le même temps à peu près, le Directoire du département s'efforçant à la pousser à 50,000, pour faire hausser son traitement, se servit du tableau levé pour la distribution du sel et ne put pas faire monter la population au delà de 46,000. Et en ceci la Rupertsau et le Neuhof se trouvent toujours compris [1].

[1] Il est assez piquant de constater que Jean-Frédéric Hermann, qui fut précisément chargé du travail officiel du recensement de 1789 et qui affirme l'avoir fait avec „grand soin" (Notices. II, p. 88), donne un résultat total de 49,948 individus, ce qui équivaut sensiblement aux 50,000 de Dietrich, attaqués par son aîné.

Von zerstörten und vernachlässigten Denkmälern Strassburgs,

deren Bedeutung unbekannt ist.

(Ich finde diese doch nun, wenigstens meistens, in der Silbermann'schen Sammlung[1].)

— Die sogenannte Spinne am Spitalgebæude, *de qua vide Programma doctorale meum 1792, et ex illo Friese, Vaterlaendische Geschichte.* Silbermann hat sie nebst dem Theil des Gebæudes abgebildet.

— Die Vorstellung eines Ungeheuers, welches auf der rechten Hand beim Hinausgehen des innersten alten Stadtthors, welches ungefæhr in den tausend siebenhundert siebenziger Jahren abgebrochen worden, in der alten Stadtmauer

[1] Non dans le volume I. de la *Lokalgeschichte*, seul imprimé, mais dans ses cartons manuscrits, détruits par le bombardement de 1870.

eingemauert war. Es stund auf einem langen 5 bis 6 Schuh hervorragenden Kœpfer und war etwan in der Grœsse eines Esels. Es stellte ein Thier vor, ungefæhr von der Gestalt eines Nashorns, doch etwas schlanker oder wie der fabelhafte Greiff vorgestellt wird, doch ohne Flügel, wenn ich mich recht erinnere und nicht mit Lœwen- oder Adlersklauen, sondern vielmehr mit plumpen Fuessen. Der Kopf war eigentlich nicht ein Vogelkopf sondern hatte an der Oberlippe eine Spitze, etwas stærker und deutlicher als an einem Rhinoceros. Bei Silbermann klein und schlecht abgebildet. Unter ihm lag — was aber Viele nicht bemerkten — das Bild einer nackten Person mit zerstreuten Haaren und rechtem Fuss etwas eingezogen, so dass das Knie gebogen war.

Die welche darüber raisonnirten, vermutheten dass es eine Hexe vorstellen mœge, die etwan als eine Succuba verbrandt worden seye. Aber der Weg zur Richtstætte führte niemals da hinaus. Vielleicht wohnte die arme, unschuldige Hexe in dieser Gegend.

Die Figur die rechter Hand beim

Hinausgehen am æhnlichen Kronenburger Thor oder Spir-Thor *en relief* eingehauen war und welche im Oberlin'schen Almanach vorgestellt ist, scheint eine æhnliche Geschichte vorzustellen. Vielleicht würde sich in den alten Vergichtprotokollen etwas von diesem Hexenprozess finden.

Zu sehen ob dieses steinerne Bild noch etwan auf der Stadt Maurhof vorhanden ist. Vielleicht hat Silbermann eine Zeichnung davon gemacht, die sich unter seinen Papieren findet. (Nachtrag: Allerdings, aber sie ist schlecht. Er hætte sie nochmals und grœsser, als das Bild heruntergenommen war, machen sollen.)

— Am Eckhauss des Goldgiessens, linker Hand beim Hineingehen, vom Fluss her, am Schreibeisenschen, ehemals Kunzischen Haus, stund ein Engel in Lebensgrœsse, der mit weit hervorragenden Armen ein kleines Kind trug. Die Tradition hat nichts von der Bedeutung dieses Bildes aufbewahrt. Es ist aber wahrscheinlich dass ein Kind auss diesem Hauss in den nahe darbey fliessenden Fluss gefallen und gerettet worden. Es wurde Anno 1793, im November, mit andern

Bildern, auf Befehl der Volksrepræsentanten weggeschafft.

— An der Clausskirch war am Eck, auf der Mitternacht-Seite, in einer kleinen gothischen Nische oder Cappelle, die von aussen angehængt war, das Bild eines Bischofs, mit Bischofskappe und Stab, kleiner als Lebensgrœsse. Man sagte er stelle den Bischof Nicolaus vor. Man hatte ihm schon beym ersten Anfang der Kappen-Regierung eine rothe Kappe aufgesetzt. Allein diese Aegide konnte ihn nicht længer als bis in den November 1793 schützen, wo er mit den andern superstitiosen Bildern springen musste. Das Dæchlein worunter es stund ist noch da. Gerade am Anfang dieses Jahr's war man mit Ausbesserung, Ausweissung, Versetzung der Orgel an's abendliche End und neuen Fenstern in dieser Kirche fertig, als sie im nemlichen Spætjahr zum Kühstall wurde.

— In der Langen Strasse, oben an der Ketten-Gass, war das Bild einer Frauensperson in einer alten gothischen Nische, an der Ecke. Oben darüber die vordere Hælfte eines Hirsches. Man hielt es für das Bild der Heiligen Genovefa, ungeachtet diese eigentlich eine Hirschkuh hat. Zu alleroberst, im Eck, unter dem Dach, war ein Schild, worauf ein langschwænziger Vogel, aus dem ich nichts anders als einen Fasan machen konnte, vorgestellt war. Alles war den ... November (1793) weggenommen.

— An dem andern Eck, oben an der Schuhmacher-Gass, war das Bild des grossen Christoph's, das doch kaum natürliche Mannsgrœsse hatte, zur næmlichen Zeit weggemacht.

— Das Bild eines alten Schaarwæchter's am Eck der Langen Strasse, wenn man am œstlichen Ende hineingeht, das auf dem ersten Stockwerck aussen an der Ecke stund, und bemalt war, wurde den ... herunter genommen. Ehe dieses Hauss im Jahr .... gebaut wurde, war die alte Schaarwache der Stadt daselbst, die unten, auch noch nach der Uebergabe der Stadt an Frankreich, als *Corps de garde* diente. Obenauf war eine schlechte Wohnung. Die Bildsæule hatte damals unten auf dem Boden gestanden.

— In der Grossen Kirchgasse, die auf den Jungen St.-Peter-Kirchhof führt, sind auf zweyen gegeneinander über stehenden

Hofthoren zween Hunde angebracht, der eine in sitzender Stellung, der andre, gegenüber, in schwimmender, aber nur zur Hælfte. Was sie vorstellen sollen ist unbekannt. Eine alberne Volkssage fabelte, das Wasser seye einst so hoch gestanden dass in dieser Gegend, welche die hœchste Lage hat, ein Hund aus dem einem Hauss über die Strasse geschwommen und auf der andern Seite sitzen geblieben seye. Sind noch da. Bey Silbermann abgebildet.

— In dem Hauss in der Steinernen Mannsgass war neben dem Eckhauss zum Hasensprung, rechter Hand am Eingang, ein colossalisches Brustbild eines Kœnigs mit Kron und Scepter. Die Gasse hatte davon ihren Namen. Es war sehr elend gehauen und in den letzten Zeiten auch übermalt. Im November 1793 war ihm anfænglich Kron und Scepter weggeschlagen und endlich im Anfang Dezember's das Bild gar weggenommen.

— An der Ecke des Hauses auf dem Thomas-Plan, nachdem *Place de la République*, an der ehemaligen Dechaney, war ein solches colossalisches Brustbild eines Bischoffs. Es war zur nemlichen

Zeit verstümmelt und zerhauen. Weil aber die Hauptgestalt immer noch blieb, wurde es endlich zugemauert. Diese beyden Bilder waren die letzten dieser Art, von mehreren dergleichen, die ehemals in der Stadt waren und davon einige noch unten an der Stiege der Universitætsbibliothek aufgestellt sind.

— Ueber dem nœrdlichen Thor der Thomaskirche ist, linker Hand, ein kleines Basrelief, sehr schlecht gehauen, wo in einer dreyeckigten Flæche ein Heiliger, mit einem Schein um den Kopf, und einem Bischoffs-Stab in der linken, vorgestellt ist. Mit der rechten giebt er zwo menschlichen Figuren den Seegen. Auf der lincken Seite richten sich zwey Thiere in die Hœhe, wie wenn sie den Seegen auch empfangen wollten. Aber alle Figuren gehen nicht einmal ganz auf die Mitte herab. Sollen sie ein Epigramm seyn, dem æhnlich welches oben am Umgang im Münster war, und das Schadæus beschreibt und abbildet?

— Was will der Hahn bedeuten, der auf meinem Hauss, n° 17, unten am Eck der Saltzmanns-Gasse steht? Da ein besondres kleines Mäuerchen auf dem Giebel aufgeführt ist, worauf er steht, so mag er doch etwas mehreres als Handwerkseinfall gewesen seyn.

— In dem obersten Eck des Giebels im Pfarrhaus bey der Neuen Kirche, wo mein Vater Anno 1772, den 29. Juni, gestorben ist, sind drey Kœpfe *en relief* auf einem Stein eingemauert, davon der eine mit offenem Mund, nach dem Himmel schaut. Wo mœgen sie herkommen und was mœgen sie vorstellen?

— In nemlichen Hauss sollen hinten im Stall, wie mir mein Vater erzæhlt, ehemals einige alte schætzbare Gemælde gewesen seyn, welche nach Paris gebracht worden.

— Am Eck des grossen neuen Gebæudes mit vielen Fenstern und schmalen Pfeilern, gegen der Kalbsgasse über, das man desswegen die Latern nennt, ist ein alter sehr schlecht gehauener Kopf mit einem Bart eingemauert. Das Hauss heisst daher auch zum Bart.

— Am Eck der Brand- und Münstergass, dem ehemaligen Gürtler-Hof, ist an dem flach abgeschnittenen Eck, etwas hœher als Mannshœhe, ein kleines Figürlein eines Menschen, erhaben aber sehr schlecht eingehauen.

— Das Marienbild am Eck des Frauenhauses ward den . . . . . 1793 weggethan.

— Das schœne Thor mit Arabesques, Medaillons, etc. in der Juden-Gass, an dem ehemaligen, sogenannten . . . . . Hof, wurde ganz verstümmelt. Man liess nur die noch stehenden Sæulen. Da der Befehl endlich gekommen war, alle Bildsæulen wegzuschaffen die politischen oder religiosen Aberglauben erregen kœnnten, hatte ein solcher Schrecken jedermann ergriffen dass man alles, auch das unschuldigste, abhauen liess. Es stund hier oben, über dem Thor, ein Hercules, wenn ich mich recht erinnere, die Lernische Hydra zur Seite. Neben ihm lag das Bild der Minerva und des Ueberflusses.

Wie sehr man sich fürchtete, læsst sich auch daraus ersehen, dass Herr Eberts gegen dem Kaufhauss über, in seinem Hauss, welches das zweyte nach der Stallgass ist, das Lamm, wovon sein Hauss genennet ist und das hoch oben über dem zweyten Stock *en relief* ausgehauen und verguldet war, wegnehmen liess. Andere liessen die Kœpfe an den Dachrinnen, wenn sie auch monstrose

Drachenkœpfe und nichts weniger als Dauphins vorstellten, wegnehmen.

— Am Spyrbad, auf dem alten Weinmarckt, ist eine steinerne Platte eingemauert mit einer Inschrift welche sich auf die Ankunft der Zürcher bezieht, als sie den Strassburgern einen warmen Brey auf dem Rhein herunter brachten. Sie ist bisher geblieben, vermuthlich weil sie nicht bemerckt worden.

— Am Anfang des hohlen Thors am Cronenburg, ist oben, über dem Gewœlbe ein Medaillon mit der Umschrift: *Sic vultus, sic ille genas, sic ora ferebat.* Wen stellt es aber vor? Es stehet eine weitlæufige Discussion darüber in der *Description de Strasbourg. Peut-être un évêque qui a fait son entrée solennelle dans la ville.*

— Am Umgelt, dessen oberes Gebæude anno 1686 abgebrennt ist, gegen dem alten, anno 1780 abgebrochenen Rathhauss über, war eine steinerne Tafel eingemauert, mit eingehauenen Zeichen, welche ehemals auf den Umgeldzedeln das Maass bezeichneten.

— Im Finckweiler, wenn man lincker Hand bey dem langen Gebæude das an den Spital anstœsst, und wo jetzt die *fiacres* stehen, hingeht, bis man nicht weiter kann, kommt man an ein eisernes Gegitter-Thor durch welches man in den langen, schmalen Garten am schmalen Wasser-Græbchen (dem Waysen-Graben) kommen kann. Ueber diesem Thor stund ehemals ausserhalb ein Brustbild von Louis XIV in einer grossen *Allonge-perruque*, das 1792 mit allen andren æhnlichen weggeschaft war. Inwendig steht über der Thür eine Inschrift: ***Hos fructus peperit concordia Martis et Urbis***. Es scheint dass dieses Thor ehemals zu einem Durchgang auf den Wall gedient hat. Warum aber war dieses in einer besondern Inschrift zu rühmen?

— Zwischen der St.-Louis-Kirche und der Elisabethen-Gass war ehemals ein grosser Hof, durch den man durchgehen konnte. Die Strasse war eng und ein über dieselbe gebauter Gang führte aus diesem Gebæude in die Wascherey neben der Kirche. In diesem Hof war eine Inschrift am Stall, die hiess:

Wo die fuhrknecht sieden und braten,
Die pfaffen zu weltlichen sachen rathen,
Wo die weiber führen das regiment,
Da nimmt es selten ein gutes End.

Sonderbare Bauarten.

— Sonderbare Bauarten sahe ich noch an manchen Hæusern, welche grossentheils eingerichtet waren, um frische Luft zu geniessen und Aussicht zu haben. So Gængchen auf dem zweyten Stock, so gut als auf dem ersten, der ganzen Længe der Façade nach, nicht überhængend, sondern so dass das hœlzerne Gelænder mit der Mauer in einer Flucht gehet, wie es an sehr viel Hæusern auf dem Lande ist. Das længste von dergleichen Gængchen ist am zweyten Hauss in der Steinstrasse, lincker Hand, auf den Graben hinaus. So auch das unterste Hauss, rechter Hand, in der Corduansgasse gegen der Grossen Metzig über.

— Guckfensterchen, wie man sie insonderheit noch hæufig zu Basel und Schaffhausen an den alten Hæusern siehet, wie ein kleines mehr oder weniger hervorragendes Schilderhæusschen, vornen zugespitzt, oder rund, mit einem Dæchlein versehen, mit hœltzernen Creutzgegittern, oder auch hültzernen Schiebfensterchen, um ungesehen sehen zu kœnnen. Dergleichen sind insonderheit noch in der Krautenau und im Metzgergiessen. In diesem letzten ist auch ein altes Hæuschen mit einem Ueberhang, in dessen Mitte ein zweyter, wie ein Ercker hervorragt. Auf dem zweyten Stock ein Gængchen von obengemeldeter Art. Und damit der Nachbar aus seinen Fenstern seines Ueberhanges nicht in den Ercker sehen kœnne, ist der Giebel zween Schuh weit in die Gasse heraus verlængert, wodurch zwar des Eigenthümers Aussicht selbst eingeschrænket wird, doch immer noch offen genug ist, dass er an den Seitenfenstern des Ercker's sitzend, schræg in die Ferne sehen kann.

Der Schiessrain.

— Der ehemalige Schiessrain vor dem Judenthor wurde gleich und eben gemacht und zu einem mit Linden besetzten Spaziergang gemacht und Contades genannt, 1764. Die Mauern an welche die Schiessscheiben befestigt wurden, setzte man mehr rechter Seite gegen dem Wasser zu und bauete ein neues Schiesshæusschen.

Zuvor war der Platz hinter dem Wirthshauss mit alten ehrwürdigen Nussbæumen besetzt und mit einer hœltzernen Wand nur in Brusthœhe umgeben. Es waren nur sehr kleine hœltzerne Schiesshæusschen da, worunter allenfalls ein paar Mænner im trockenen stehen konnten. Ein alter Springbrunnen war da, dessen Sæule in der Mitte, mit den eisernen Rœhren, ich noch selber gesehen habe. Der Wasserbehælter war mit steinernen Platten eingefasst und von sechs- oder achteckiger Gestalt. Das Wasser dazu konnte unmœglich anderswo hergekommen seyn als aus dem Fluss und durch eine Pumpe oder Hebwerck in die Hœhe gebracht werden. Ich habe von diesem Umstand, wo diese Wassermaschine gewesen, wenn sie aufgehœret hat in Gang zu seyn, wenn die Rœhren der Wasserleitung weggenommen worden, keine, weder mündliche noch schriftliche Nachricht erhalten kœnnen. Die Beamten und Schreiber auf dem Pfenningthurm, die ich desswegen befragt habe, sagten mir, es wære ihnen in den Protokollen niemals nichts davon vorgekommen. Alldieweil Silbermann noch lebte, war mir dieser Rest eines Rœhrbrunnens, in welchem ich als Knabe œfters herumgesprungen bin, nicht eingefallen, um ihn darüber zu befragen. Hab's aber nachdem doch noch von Gutmann dem Siegrist von St.-Thomæ, im 74. Jahr seines Alter's, anno 1793 erfahren. Dieser hat, da er als ein junger Mann zur Schützengesellschaft kam, von einem alten Glaser, Mollenkopf, der auch Schütz war, gehœrt, dass oben auf dem Wirthshauss ein Behælter war, worin das Wasser aus dem Brunnen gepumpt wurde und nur bey festlichen Gelegenheiten liess man ihn laufen. Ein sonderbarer Aufwand! Dieser Brunnen ist auch in der Abbildung der Stadt in Merian's Topographie angezeigt. Er stehet aber nicht am rechten Ort, sondern sollte besser hereingerücket seyn. Als die Schützengesellschaft anno 1776 aufgehoben wurde, wurde auch das übrige des Platzes zum Spaziergang gezogen und mit Bæumen besetzt. Um diese Zeit, wenn ich mich recht erinnere, war es dass die Pfeiler unter der schœnen Linde erneuert wurden, welches 300 Gulden kostete.

Diese Schützengesellschaft hatte 40,000 Gulden Capital, wenn mir der ehemalige Schütze Gutmann die Wahrheit gesagt hat, welche sie auf den Pfennigthurm gegeben und dafür 200 Gulden jæhrliche Zinsse, nebst dem Zinss von dem Wirthshauss, bezog. Es wurde ihr im Jahr 1776 genommen. Sie liess die Sache consultiren und das *Mémoire à consulter* ist anno 1777 gedruckt.

Die Pfeiler um die grosse Linde wurden, da sie faul waren, weggenommen, ich glaube im Jahr 1790, und die sich ausbreitenden untere Aeste abgehauen. Anno 1793 wurde sie, nebst den übrigen Bæumen dieses Spaziergangs, wegen befürchteter Belagerung, im Oktober weggehauen. Im Anfang des Jahres 1793 wurde auch das Carrousel oder Ringelspiel, welches bisher vor dem Wirthshauss gewesen, weggenommen.

Chronologische Aufzeichnungen.

1784

— Dinssenmühl von Stein gebaut. Archimedis Wasserschraube dabey gebraucht. Spart der Stadt 20,000 livres.

— Am grossen Mehlmagazin über's Wasser drey Bœgen hœher gemacht, damit das Wasser besser durch kann, weil es im Winter durch die Eisschemmel sehr war beschædigt worden.

— Auf die Neue Kirch, anstatt des steinernen Thurns ein hœlzerner gesetzt.

— Der Thurn der catholischen Jung St.-Peterskirch abgebrochen und der jetzige vom elendesten Ansehen darauf gesetzt. Der geschickte Dixnard der das schœne Schloss von Sankt-Blasi gebauet hat, scheint dem Capitel einen Possen haben spielen zu wollen, da sein Plan vom schœnen Thurn nicht angenommen.

— Die Brücken erweitert und mit besseren Gelændern versehen. Die Thomasbrücke wurde um 8 Schuh weiter.

— Prinz Heinrich im Preussen war in Strassburg. — *Ballons aërostatiques.* — Spiegelzunft, der Theil in die Strasse gehend, gebaut. — Mlle St.-Val (Sainval?) spielt in der Comœdie. — Neues Tollhaus hinten im Hof des Spital's. — Blitz schlægt in den Glockenthurn von Sankt-Thomas, auf den Ludwigstag, thut geringen Schaden.

1785

— Das Wochenblættel, eine neue Gestalt. — Soldaten-Bette, Hauss des

Commandanten, etc. (ausgenommen das vom Lieutenant du Roy) nicht mehr auf der Stadt, sondern auf des Kœnigs Kosten unterhalten. — Gedeckte Brücken werden abgedeckt und breiter gemacht. — Das Roseneck wird unten am Graben hin, ganz geœffnet, indem die Hæusser linker Hand abgebrochen werden, wo die Meelwag war. — Kœnigliche Bæckerey neben dem *Horto academico* wird fertig, bringt Heumænnlein und Ratten in den Garten. — Das Badersche Hauss, unten am Eck von der Spiessgass, neben der Laube, wird fertig. — Rathsherr Dürr baut sein Haus auf ein Schiff.

— Der alberne Thurn auf der Jungen St.-Peterskirch, vom Baumeister d'Ixnarre [1], wird fertig. — Mühlsteine von La Ferté zum ersten Mal gebraucht bey der Dinssen-Mühl. — *Sedes episcopalis impedita est* wegen der Halsband-Geschichte. — Wollenfabrik im Findelhaus wird fallit.

1786

— *Salle de lecture* geœffnet durch Herrn Licenciat Treitlinger. — Die Pedellen geben zum Neujahr keine gereim-

[1] On remarquera que Hermann a écrit ce nom d'une façon différente à la page précédente.

ten Glückwünsche sondern *Syllabum rerum gestarum*. Da aber auf 1791 der Syllabus eine elende Figur gemacht hætte, giebt es wieder Verse.

1790.

— Im Dezember wird der Verhœrthurn bey St. Marx abgebrochen.

1792.

— Anfang August's wird ein Theil des verkauften Luxhofes und hiermit der Rest des uralten Stadtthors der ersten Stadt, nebst dem über das Gæsschen gebauten an den Darmstædter Hof anstossenden Stück Hausses abgebrochen, mithin der Schlupf oder das sogenanndte Comœdie-Gæsschen zwischen dem Darmstædter und Zweybrücker Hof erweitert. Ingleichen zur nemlichen Zeit die Stadt-Schlosserey am Ende des Rossmarcktes, rechter Hand, am Graben diesseits, gegen dem Stadtspeicher über. Der Luxhof wurde zu einem Bier- und Brauhauss gemacht. Nachdem die neue Façade, besser hinein zu, zur Hælfte fertig war, wurde der Rest der alten, dicken, hervorragenden Stadtmauer in den letzten Tagen des Septembers 1793 vollends weggesprengt.

— 1792 wurde der von Abbé Rumpler gekaufte Luxhof und das über das Gæsslein gebaute Hauss im Sommer abgenommen und dieses Gæsslein, wodurch man nicht fahren durfte, zwischen dem Luxhof und dem Darmstædter Hof erweitert.

— Den 16. Oktober wurden die beyden colossalischen, aus geschlagenem Kupfer sehr schœn gearbeitete und starck verguldete, das Creutz anbetende Engel über der ehemaligen Capelle des ehemaligen bischœflichen Pallastes, nunmehrigen Gemeinde-Hausses, abgenommen.

— Zur nemlichen Zeit wurde das grosse Wappen an dem Fronton auf die Terrasse hinaus, weggehauen. Eben war man mit Weghauung der Wappen am Ende der Thor-Gallerie, wo man in die beyden Pavillons gehet, fertig worden. Die Wappen in dem eisernen Gegitter der Terrasse waren schon beynahe ein Jahr vorher weggenommen worden. Und noch zuvor, den 24. August 1791, war das Wappen über dem Portal weggehauen, als womit, zu Ende Augst's 1791, bald nachdem die Commune das Hauss für 129.000 livres gekauft hatte, der Anfang gemacht wurde. Auch die Inschrift, der ganzen Længe nach über dem gewœlbten Gang zu beyden Seiten des Portals, auch die welche sagte dass Armand-Gaston de Rohan anno 1742 dieses Gebæude aufgeführt habe.

— Den 17. Octobris wurde in Conventu professorio die der Universitæt gehœrigen pocula, 11 an der Zahl, schœn gearbeitet und vergoldet, einige dritthalb Schuh hoch, von Prinzen und Grafen ehemals verehret, und beyde silberne sceptra academica in die Münze zu liefern beschlossen; doch dass es noch in Conventu solenni solle bestætigt werden. Wurde aber nachdem wieder verschoben und bey Seite gelegt und erst den 11. November 1793, bey Gelegenheit der Requisition an die Kirchen der Protestanten, auch ihr Silbergeschirr einzuliefern, exequiert. Der Werth zwischen 3 und 4 tausend livres.

— Den 25. Octobris, werden auf Antrieb der Gesellschaft des Amis de la Constitution, den drey Bildsæulen zu Pferde des Kœnigs Clodovæus, Dagobert und des Kaysers Rudolph von Habspurg an der vorderen Façade des Münsters, die Krone und Scepter abgenommen.

— Den 28. Octobris, bey Celebrirung des Siegesfestes wegen glücklichen Erfolgs unserer Waffen und Einnahme von Speyer, Worms, Maynz, Franckfurt und dem Fortgang der Freyheit in Savoyen, wurde ein Ball gegeben, der als Bal républicain angekündigt wurde.

1793.

— Den 22. Mærz wurde in Conventu solenni decretirt dass den Knaben in den Classen als præmium, anstatt der bisher üblichen Rathsgroschen, weil sie eine Lilie und die Überschrift *Respublica Argentinensis* haben, welches von Übelgesinnten hoch kœnnte aufgenommen werden, ausgebliches Geld solle ausgetheilt werden. Beym Herbst-Schulfest bekamen sie ein neugedrucktes Exemplar der republicanischen Constitution und Assignaten.

— Den 6. Mærz wurde der schœne steinerne Bogen auf welchem der Gang vom Neuen Bau nach dem abgebrannten Umgeld-Gebæude führt, niedergestürzt.

— In diesem Jahr die Dinssen-Mühl, so wie die anderen Stadthæusser, verkauft.

Den 31. Mærz, auf den Oster-Sonntag, wurde die neue Kœpf-Maschine, die man von ihrem Angeber, Guillotine nennt, zum erstenmal bey drey Molsheimer Unruhstiftern auf dem Paradeplatz, abends um halb sechs Uhr, gebraucht.

— Den 1. April waren die Professoren, Lehrer am Gymnasium, Pfarrer zum ersten mal ohne ihre Ceremonien-Habit beym Schulfest. Das erste mal war auch keine Armillar-Sphære, sondern ein Graphomètre aufgestellt, woran die Schüler ihre Kenntnisse zeigten. Der zweyte declamirte teutsche Verse.

— Die acht goldenen Lilien welche auf dem untern runden Theil des mit Schiefer gedeckten Daches an dem Thurm der Kirche von St.-Louis rund herum sassen, waren die letzten kœniglichen œffentlichen Andenken welche weggeschafft wurden, weil sie am meisten Mühe und Kosten erforderten, um dazu zu kommen. Den 3. Octobris 1793 bemerckte ich zum ersten mal dass sie weg waren.

— Den 28. October, auf Simon Judæ, vielleicht den Tag vorher, wurden die guten armen Pfründer im Mehreren Hospital auf charrois d'armée nach Andlau in die Abtei, und nach Benfelden abgeführt, andere nach Bœrsch und andern (ungefæhr 16) Oertern, an einigen nur zwo Personen. Das ist nicht geschehen so lange Strassburg steht. (En cet endroit, Hermann a soigneusement maquillé 4—5 lignes, où il avait évidemment déversé son indignation d'une façon qu'il jugea dangereuse pour lui, un peu plus tard.)

— In dieser Zeit wurde ich jeden dritten Tag auf die Wache commandirt weil Schneider, Schuhmacher und andre nœthige Handwercker von der Wache ausgenommen wurden. Von dem Dienst ausserhalb der Stadt war ich als Arzt glücklicher Weise befreyt. Sonsten hætte ich auch die Nacht durch am Rhein auf bivouac seyn müssen, und an den neuen Festungswerken helfen arbeiten.

— Das Bataillon der Volontaires (welche unsere Bürger *Wollenweber* nannten) hausste beynahe wie ehemals die sogenannten Armen Gecken (Armagnacs) im Elsass.[1] Ich war zu Schiltigheim und Bischheim und sahe wie einige unter ihnen die Bretter an den Gartenumzæunungen

[1] On voit que le bon Hermann étudiait la botanique plus que l'histoire. Si les Armagnacs n'avaient fait que brûler les clôtures des jardins, on les aurait regardés comme des saints.

manchmal vœllig losgerissen hatten, auch andres Holzwerk von Brunnen und Hofthoren, um es zu verbrennen. Ein Theil der Gærten war verheert wie es kaum der Feind hätte thun kœnnen.

— Anno 1793 schickten die Apotheker zum ersten mal den Visitatoren kein Martini mehr. Müssen nun den Hippocras kaufen, wenn sie Martini-Brezlein hinein tunken wollen!

— Am Christtag stund ein Doctor theologiæ (Weber) Wache, welches von einem Priester das erste mal geschieht, so lange die Welt stehet. In dem Augenblick wo noch das Jahr vorher die grosse Glocke zum festlichen Nachmittagsgottesdienst zu læuten anfieng (oder aufhœrete?) rief er: Abgelœst! Und in einem Schilderhæusschen, aus einem ehemaligen Beichtstuhl der Kirche von St.-Louis gemacht, stund er Wache![1]

---

[1] Jean-Frédéric Hermann nous a conservé dans ses *Notices* (I, p. 394) l'épigramme en vers latins que son frère le botaniste avait composé sur ce spectacle, „inouï, depuis la création du monde". Là encore, l'excellent savant prouve que ses connaissances historiques n'étaient pas à la hauteur de sa grande science de spécialiste. Que de prêtres, de prédicants, de ministres célèbres dans les annales de la guerre!

— Den 7. Nivôse, oder den 27. December, auf Johannis Evangelistæ Tag, wurde des Kürschner's Schauer auf dem Fischmarkt sein Hæusschen von zwey Creutzstöcken, das vor wenig Jahren zugleich mit dem danebenstehenden umgebaut war, abgebrochen, weil vermœge der Kundmachung der commissaires représentants, dieses einem jeden geschehen sollte, welcher die Assignaten auf einige Weise in Unwerth setzen würde, und dieser alte, achtzigjæhrige, geizige Mann den Hauszins, der ihm bezahlt wurde, nicht anders als für die Hælfte annehmen wollte[1].

1793 (supplément).

Parmi les notes manuscrites de Hermann se trouve la lettre imprimée du „citoyen Catoire, capitaine du génie en chef à Strasbourg, aux officiers municipaux de la Commune, datée Strasbourg, le 12 août 1793, l'an second de la République“, dans

---

[1] Le jugement contre le pelletier Jean-Michel Schauer, rendu le 7 nivôse, sous la présidence de Mainoni, par le tribunal révolutionnaire, se trouve dans la *Copie exacte du soi-disant protocolle du Tribunal révolutionnaire établi à Strasbourg*, p. 68, à la fin du premier volume du *Recueil des pièces authentiques* (Livre Bleu).

laquelle il réitère la sommation d'abattre, dans le plus bref délai, les édifices, cloisons, etc. dans une étendue de deux cent cinquante toises, à compter de la crête des glacis. A cette copie est joint l'extrait des délibérations du Bureau municipal, du 13 août, contresigné et paraphé par le citoyen Krauss, secrétaire-greffier-adjoint, transmettant cet ordre aux propriétaires visés.

Au-dessous de la signature autographe de Krauss, Hermann a ajouté la note suivante:

Il fut accordé un délai de dix jours. On abattit le cabaret, qui autrefois avait appartenu à la Société des arquebusiers, et la maison des boulangers, y attenante, ainsi qu'une autre petite maison appartenant à la commune. On éclaircit les arbres de la promenade. L'allée des peupliers et les deux demi-ronds de platanes avaient déjà été coupés auparavant. La démolition fut commandée de nouveau; on y procéda lentement. C'était le seul bien de beaucoup de pauvres jardiniers. On afficha et on fit crier au son de la trompette que c'était sérieux et pressant. Mais les ouvriers et les voitures étaient rares et chers, les bras de la rivière manquaient d'eau et n'étaient pas navigables. Quelques personnes, Engelhard le premier, Pithienville, Eschenauer, Pistoris, Dieterich firent démolir à leur aise. D'autres avaient seulement fait démeubler et ôter les fenêtres: Surtout la veuve Nagel, dans le jardin autrefois Bruder, situé en partie sur le glacis même, à gauche, en sortant de la ville, barguigna longtemps. Cette lenteur impatienta le commandant. Le 5 octobre, les volontaires et les chasseurs en garnison furent commandés; on leur distribua des pioches, et ce fut une journée à peu près semblable à la Saint-Arbogast, jour du pillage de la maison de ville. Ils saccagèrent tout sans miséricorde et jetèrent les meubles en bas des fenêtres. Dans la maison de Van der Linden, entre la porte des Juifs et elle des Pêcheurs, ils jetèrent en bas des commodes entières. Il y avait dormi encore la veille.

Le Contades fut éclairci successivement. Mais l'ennemi avançant et notre armée se trouvant entre Richstett et Hœnheim, on se hâta de l'abattre. Le 27 Octobre je n'en vis plus un seul arbre.

1794.

— Den 20. Ventôse anno II, oder den 10. Mærz 1794, wurden die vier Eichbæume in die vier Arrondissements, auf dem Paradeplatz, place de la Responsabilité, place du 10. Août, und dem alten Weinmarkt mit Feyerlichkeiten gepflanzt. Sie wurden von Vendenheim gebracht und waren dreissig Schuh hoch. Man ging ihnen mit grossem Pomp entgegen. Ich war als Veteran auch dabey, unter den Waffen, in Holzschuhen. Zu Mittag hatte ich, zum ersten mal in meinem Leben, auf den Sonntag keinen Braten, war aber dafür ein freyer Republikaner, wie man mir sagte. Wenigstens sass ich nicht gefangen wie eine Menge meiner Freunde.

— In diesem Monat Ventôse wurde auch der Figur über dem Portal der Maison commune, lincker Hand im Hineingehen, der Kranz und der Palmzweig in die Hænde gegeben. Man hatte zuvor ein Schwert versucht, wollte sich aber nicht schicken oder nicht gefallen. Zuvor hatte sie, glaube ich, ein Creutz und ein Buch.

— Die bleyernen Særge die schon geraume Zeit (vielleicht ein Jahr lang, ich weiss nicht ob ich es aufgeschrieben habe) aus der Kirche genommen und in's Giesshaus gebracht worden waren, sahe ich erst den 1. Thermidor in die Münze führen, um Kugeln daraus zu giessen.[1] Die bleyernen, verguldeten colossalischen Engel des hohen Altar's sahe ich schon einige Wochen vorher vorbeyführen. —

Den 1. Germinal anno II,[2] gab man im Waysenhaus keinen Wein mehr. Das konnte wohl in Ansehung der Kinder geschehen, aber den Pfründnern, die sich eingekauft hatten, war dieses den Accord nicht gehalten. Die Nation wollte nicht banqueroute werden um Reiche und Fremde nicht zu betrügen. Und dieses? . . . .[3]

---

[1] Le 19 juillet 1794.

[2] Le 21 mars 1794.

[3] Ici s'arrêtent les notes de Hermann, conservées par M. Reussner. Ne les a-t-il pas continuées au fort de la Terreur, en voyant ses amis exilés, déportés, condamnés à mort, craignant pour sa sécurité personnelle ? Ou bien les feuillets qui continuaient ces notations intimes se sont-ils égarés et perdus ? C'est bien possible, puisque ceux qui restent sont des feuilles volantes qu'un hasard pourrait faire disparaître ; aussi avons-nous cru de notre devoir de les mettre au jour, afin d'éviter qu'un accident fâcheux prive les historiens futurs de ce témoignage naïf d'un contemporain, qui n'était pas le premier venu.

TABLE DES MATIÈRES

Von zerstœrten und vernachlässigten Denkmälern Strassburgs:

Chronologische Aufzeichnungen:

Autres Publications de M. Rod. Reuss sur l'Histoire de la Révolution en Alsace.

1. Les tribulations d'un maître d'école de la Robertsau pendant la Révolution. Strasbourg, 1879, in-16.
2. L'Alsace pendant la Révolution française. I. Correspondance des députés à l'Assemblée Nationale, année 1789. Paris, 1880, in-8°.
3. Séligmann Alexandre ou les tribulations d'un Israélite pendant la Terreur. Strasbourg, 1880, in-16.
4. Bilder aus der Schreckenszeit. Erlebnisse eines deportirten elsæssischen Geistlichen. Strassburg, 1883, in-18.
5. Charles de Butré, un physiocrate tourangeau en Alsace (1724-1805) d'après ses papiers inédits. Paris, 1887, in-8°.
6. La Cathédrale de Strasbourg pendant la Révolution. Études sur l'histoire politique et religieuse en Alsace (1789-1802). Paris, 1888, in-16.
7. Histoire du Gymnase protestant de Strasbourg pendant la Révolution (1789-1804). Paris, 1891, in-8°.
8. Jean-Frédéric Aufschlager, Souvenirs d'un vieux professeur strasbourgeois (1766-1832). Strasbourg, 1893, in-16.
9. Mag. Johann Daniel Brunner, ein Lebensbild aus der Kirche und Schule Strassburg's (1756-1844). Strassburg, 1894, in-18.

10. L'Alsace pendant la Révolution française. II. Correspondances politiques et pièces inédites diverses (1790-1793). Paris, 1894, in-8°.
11. Jean-Pierre Massenet, cultivateur de Heiligenstein et député du Bas-Rhin. Strasbourg, 1897, in-16.
12. L'assassinat de Rastatt et son dernier historien. Paris, 1902, in-8°.
13. Les enfants illégitimes protestants et israélites en Alsace et le clergé catholique au début de la Révolution. Paris, 1903, in-8°.
14. Le dix-huit Brumaire, étude historique et morale. Paris, 1903, in-8°.
15. Vieilles paperasses et vieilles gens. Souvenirs d'une famille alsacienne pendant la Révolution. Paris, 1904, in-8°.

IMPRIMERIE ET LITHOGRAPHIE ALSACIENNE-LORRAINE, STRASBOURG

www.ingramcontent.com/pod-product-compliance
Ingram Content Group UK Ltd.
Pitfield, Milton Keynes, MK11 3LW, UK
UKHW021006230726
13924UKWH00009B/1753

9 782019 949747